MW01708648

DAVID BOHM
LA PHYSIQUE DE L'INFINI

Autres livres de MACRO ÉDITIONS

COLLECTION	AUTEUR & TITRE
SCIENCE ET CONNAISSANCE	MASSIMO TEODORANI, *Synchronicité : le rapport entre physique et psyché de Pauli et Jung à Chopra*, 2010
	MASSIMO TEODORANI, *Entanglement : l'intrication quantique, des particules à la conscience*, 2011
	RICHARD BARTLETT, *Matrice énergétique : la science et l'art de la transformation*, 2011
NOUVELLES PISTES THÉRAPEUTIQUES	DR. JOHN O. A. PAGANO, *Guérir du psoriasis : l'alternative naturelle*, 2010
	VALERIO PIGNATTA, *Comment guérir les infections à candida ? – Caractéristiques et traitements naturels*, 2011
	LARRY CLAPP, *Guérir de la prostate en 90 jours, sans médicaments ni opération*, 2011
DÉVELOPPEMENT PERSONNEL	WALTER ORIOLI, *Théâtre et thérapie*, 2010
	TIBERIO FARACI, *Aime-toi ! Comment développer l'estime de soi*, 2010
	BOB PROCTOR, *Vous êtes né riche. Êtes-vous prêt à gagner beaucoup d'argent grâce à vos richesses intérieures ?* 2010
	EDWARD BACH, *Libère-toi !* 2011
	EDWARD BACH, *Être soi-même*, 2011
	ERIC DE LA PARRA PAZ, *La PNL avec les enfants. Techniques, valeurs et comportements pour augmenter la confiance en soi de vos enfants*, 2011
SAVOIRS ANCIENS	SABRINA MUGNOS, *Les Mayas et l'an 2012 : une enquête scientifique*, 2010
	ZECHARIA SITCHIN, *Quand les géants dominaient sur Terre*, 2010
	ZECHARIA SITCHIN, *La Fin des Temps*, 2011
VÉRITÉS CACHÉES	MARCO DELLA LUNA ET PAOLO CIONI, *Neuro-Esclaves*, 2011
MACRO JUNIOR	*Les plus beaux mandalas pour enfants*, 2010 *Les plus beaux mandalas pour toutes les saisons*, 2010 *Les mandalas des contes de fées*, 2011 *Et si on coloriait les mandalas ?* 2011 *Un océan de mandalas*, 2011 *Mandalas fantastiques*, 2011

Massimo Teodorani

David Bohm
La physique de l'infini

MACRO EDITIONS

www.macrolivres.com

Pour de plus amples informations sur cet auteur et sur cette collection visitez notre site ***www.macrolivres.com***

Titre original : David Bohm - La fisica dell'Infinito

coordination éditoriale Chiara Naccarato
traduction Marylène Di Stefano
révision Laura Pacciarella
couverture Luca Gardelli et Editing snc, Cesena - Italie
mise en page JMD srl comunicazione e marketing, Como - Italie
impression Tipografia Lineagrafica, Città di Castello - Italie

1re édition octobre 2011

Collection « Science et Connaissance »
www.macrolivres.com (France)
www.macroedizioni.it (Italie)
Via Bachelet 65,
47522 Cesena - Italie

ISBN 978-88-6229-248-1

Ce livre est imprimé sur du papier recyclé et écologique. Fabriqué sans chlore ni autres agents blanchissants, et dans le souci de réduire la consommation d'eau et d'énergie, le papier Editor 2 est labellisé.

Les encres utilisées pour imprimer ce livre ne contiennent pas de composés organiques volatils ni d'huiles minérales. 100 % végétales, elles sont compatibles avec l'environnement.

Introduction

Ce livre présente les recherches théoriques de David Bohm, l'un des plus grands physiciens contemporains dans le domaine quantique, mais aussi le seul théoricien à avoir apporté sa contribution à plusieurs branches du savoir, la philosophie et la psychologie en particulier. L'exposé s'articule de façon dialectique, en retraçant l'évolution de la pensée de Bohm tout au long de sa vie. Après un premier aperçu biographique, nous partirons à la découverte du comportement des électrons dans les plasmas et de l'apparente structure intelligente que cet état de la matière constitue dans la nature. Nous passerons ensuite à la réélaboration et réinterprétation par Bohm de la théorie quantique classique, qui le conduisit pour la première fois à introduire le concept de potentiel quantique, comme seul moyen de donner un caractère déterministe à une théorie qui ne semblait jusqu'alors régie que par le hasard ou du moins par la probabilité. Nous développerons ensuite les concepts de non-localisation, phénomène étrange et inattendu, qui gouvernent le comportement des particules dans le domaine subquantique et qui génèrent des paradoxes dans le monde des physiciens. Nous décrirons alors et discuterons la théorie de l'ordre implicite, plus généralement connue sous le nom de « modèle holographique », qui en prenant directement naissance du concept de potentiel quantique, développe la théorie quantique pour la transformer en une sorte de métaphysique concernant aussi bien l'esprit que la matière, un ordre où les phénomènes psychiques peuvent aussi trouver leur place. Nous rappellerons également l'œuvre de scientifiques encore en vie qui ont su tirer avantage des recherches et des découvertes de Bohm, en développant certains de ses concepts de manière interdisciplinaire. Au cours de la discussion des théories et des raisonnements de Bohm, nous citerons les analogies et les métaphores les plus importantes qu'il utilisait souvent pour parvenir à communiquer le sens de concepts autrement très difficiles à comprendre. Nous dresserons enfin un tableau de la vie de Bohm afin de trouver la clé de lecture de toute son œuvre dans la nature originale et éclairée de son individualité.

CHAPITRE I

Digression biographique

David Bohm compte parmi les physiciens théoriciens les plus remarquables de sa génération, probablement celui qui le plus courageusement a su défier l'orthodoxie scientifique, justement pour avoir été capable de comprendre ce qu'il manquait et manque à la physique : une vision d'ensemble en mesure de rassembler tous les fragments de la création sous l'égide d'une seule et grande loi unifiante. À l'origine de tout ceci, la découverte que derrière le monde visible et tangible de la physique classique se trouve ce qu'il nomma l'« ordre implicite » qui réunit la totalité des choses et des événements.

Né en 1917 à Wilkes-Barre en Pennsylvanie (États-Unis) de parents juifs, Bohm nourrit tout jeune un fort intérêt pour la science. Dès son enfance, à part ses nombreuses intuitions sur les lois fondamentales de la physique et sur la nature de la réalité, il fit montre d'un talent remarquable pour les inventions, à tel point que son père, un homme d'affaires expérimenté, l'invita à tirer profit de ses idées. Mais il ne manifesta aucun intérêt pour la logique du profit sur laquelle se basait le marché. La connaissance qu'il entendait acquérir devait avoir des caractéristiques qu'on ne pouvait marchander, mais transmissibles aux masses et utiles à l'évolution du savoir. Ce fut ainsi qu'en se posant d'innombrables questions sur les phénomènes de la nature, il commença à se consacrer à la physique théorique. Après avoir fréquenté le Pennsylvania State College, où il commença à développer un intérêt profond pour la mécanique quantique – la physique du règne subatomique –, il se diplôma en physique en 1939. Puis, sous la conduite du grand physicien Robert Oppenheimer, après un an passé au California Institute of Technology (CalTech), il mena des recherches à l'université de Californie, à Berkeley, au Lawrence Radiation Laboratory, où il obtint en 1943 son doctorat (Ph.D) en physique théorique. Il fut le dernier doctorant à travailler avec Oppenheimer à Berkeley, où il resta ensuite en tant que physicien chercheur pendant quelques années. Jusqu'en 1947, les recherches de Bohm concernèrent la théorie des plasmas et la théorie du synchrotron et des synchrocyclotrons.

De 1947 à 1951, il enseigna à l'université de Princeton en tant que professeur assistant, et se consacra à des recherches sur les plasmas, à la théorie des électrons dans les métaux, à la mécanique quantique et aux particules élémentaires. Au cours de cette période, il mit au point et publia ce qui fut défini comme le meilleur traité de mécanique quantique. Avec ce texte, à la différence des thèses de collègues éminents comme Niels Bohr, Werner Heisenberg, Erwin Schrödinger, John Von Neumann et Wolfgang Pauli, qui prévoyaient une interprétation nettement indéterministe et probabiliste de la théorie des quanta, tout en ne s'écartant pas de l'interprétation classique, Bohm introduisit la possibilité d'une « interprétation causale ». Il décrivit les particules élémentaires comme des entités qui bougent de façon apparemment « déterministe » sous la conduite de ce qu'il appela le « potentiel quantique ». Ce concept fut développé en détail dans deux articles qui ont fait date, publiés en 1952 dans la prestigieuse revue américaine *Physical Review*. Ces deux articles lui servirent de tremplin pour élaborer, dans les décennies suivantes, sa théorie sur l'ordre implicite, sous l'impulsion aussi des résultats de la célèbre « expérience EPR », définitivement validée en 1982, qui démontra qu'au niveau subatomi-

David Bohm à deux moments de sa vie.

que, les particules élémentaires peuvent communiquer de manière instantanée, indépendamment de la distance qui les sépare.

En compagnie d'autres doctorants d'Oppenheimer, comme Giovanni Rossi Lomanitz, Joseph Weinberg et Max Friedman, Bohm s'intéressa également beaucoup, outre à la physique théorique, à la politique. Comme de nombreux jeunes idéalistes, y compris Oppenheimer, à la fin des années 30, Bohm et ses collègues croyaient en des modèles alternatifs de société, et devinrent les membres actifs d'organisations politiques de gauche qui gravitaient autour de la jeune Ligue communiste. Avec ses amis et collègues sympathisants communistes, il fut poursuivi par le sénateur Joseph McCarthy lequel l'obligea à quitter les États-Unis après avoir diligenté des enquêtes sur son activité politique.

Pendant la Seconde Guerre mondiale, le projet Manhattan mobilisa une bonne partie des physiciens de Berkeley dans l'effort de construire la première bombe atomique. Bien qu'Oppenheimer ait demandé à Bohm de travailler avec lui à Los Alamos, où furent installés dès 1942 les laboratoires secrets pour concevoir et construire la bombe, le chef du projet Manhattan, le général Leslie Groves, n'approuva pas la participation de Bohm au projet justement en raison de ses opinions politiques communistes. Bohm resta à Berkeley où il enseigna la physique, et ce furent justement les résultats de ses propres recherches, concernant alors des calculs sur la collision entre protons et deutérons, qui lui barrèrent la route du projet Manhattan. Bohm en personne démontra que ces recherches étaient d'une importance fondamentale pour la construction de la bombe atomique. Parce que Bohm était un sympathisant communiste et qu'il était aussi en mesure de manœuvrer les fondements physiques qui allaient conduire à la bombe, il fut considéré comme un individu très dangereux, voire comme un potentiel traître à la solde de l'ex-Union-soviétique. Ce fut ainsi qu'on lui interdit de poursuivre ses recherches, ce qui lui posa de réels problèmes au moment de terminer sa thèse de doctorat. Ce ne fut que grâce à Oppenheimer que Bohm parvint quand même à achever avec succès ses recherches, et qu'il finit par obtenir son doctorat.

Après la guerre, Bohm devint professeur assistant à l'université de Princeton, où il travailla au contact étroit d'Albert Einstein. Malheureusement, ce fut aussi l'époque de la « chasse aux sorcières » promue par le sénateur McCarthy. En effet, le comité qu'il présidait et qui enquêtait sur les actions anti-américaines poursuivit tous les sympathisants communistes, parmi lesquels se trouvaient également de nombreux scientifiques. En 1950, Bohm fut appelé à témoigner sur ses précédentes activités politiques, mais en invoquant le cinquième amendement de la Constitution américaine, il se prévalut du droit de ne pas témoigner. Il ne le fit que pour ne pas mettre dans le pétrin ses amis et collègues qui, comme lui, partageaient l'idéal communiste. Son refus le conduisit à être temporairement arrêté jusqu'en mai 1951. Mais l'université de Princeton l'avait déjà quasiment suspendu, étant donné que son contrat ne fut pas renouvelé, et ce malgré le soutien appuyé de ses collègues et amis de la faculté, notamment d'Einstein. Bohm fut alors contraint d'émigrer pour pouvoir continuer ses recherches. Il choisit le Brésil et notamment l'université de Sao Paulo où, sur la base de précédentes collaborations avec des collègues locaux, il obtint la chaire de physique pendant quelques années. Son séjour là-bas lui permit d'approfondir certaines de ses études sur le comportement des plasmas et de s'accrocher pendant une certaine période à ses convictions communistes. En 1955, il passa au Technion Institute de Haifa en Israël où il resta peu de temps, mais où il rencontra Saral, celle qui serait ensuite devenue sa femme, et qui l'accompagna toute sa vie durant.

Au Technion, Bohm ne rencontra pas un milieu suffisamment stimulant pour ses recherches. Il s'installa alors en Grande-Bretagne en 1957, d'abord en travaillant à l'université de Bristol, puis à l'université de Londres, au Birbeck College, où il enseigna la physique théorique jusqu'à sa retraite en 1987. Entre-temps, suite à l'invasion de la Hongrie par l'Union Soviétique en 1957, Bohm en vint à abandonner avec une grande amertume sa foi originelle dans le communisme (dont il n'avait toutefois jamais fait l'apologie), en la remplaçant par une conception plus pure, inspirée du philosophe allemand Hegel, pour qui la dialectique opère comme un processus sans fin qui alterne thèse et antithèse, être et devenir. La vision du monde de Bohm deviendra au fil du temps de plus en plus mystique. Ce fut justement en Grande-Bretagne, notamment dans les années 70 et 80, qu'il développa les théories qui, à partir de la mécanique quantique non classique, le conduisirent à formuler ses idées sur l'« ordre implicite » dans l'univers et sur le relatif « modèle holographique » de la réalité. David Bohm mourut d'une crise cardiaque le 27 octobre 1992, en laissant un grand vide dans la communauté des physiciens et dans celle de tous ceux qui s'intéressaient de près aux implications philosophiques de la science moderne.

David Bohm, sa science et sa philosophie, furent très influencés par le penseur indien Jiddu Krishnamurti, qu'il rencontra en 1959 et qui fut pendant de très nombreuses années l'inspirateur spirituel principal de sa théorie de l'ordre implicite. C'est aussi lui qui poussa Bohm à fonder les « groupes de dialogue » destinés à faire émerger la nature réelle de la pensée afin de susciter la transformation de la conscience.

CHAPITRE 2

Des particules qui dansent dans un plasma « intelligent »

Au moment même où Bohm était en train de préparer son doctorat auprès du Lawence Radiation Laboratory, il commença à mener des investigations théoriques sur les plasmas, matière gazeuse contenant des électrons et des ions positifs d'une densité très élevée. Dans le cadre de ces enquêtes, il s'aperçut bien vite que les électrons, une fois qu'ils sont dans un plasma, cessent d'apparaître comme des particules individuelles et commencent à se comporter comme s'ils faisaient partie d'un ensemble plus vaste en interconnexion, un océan de particules donnant l'impression d'être vivant, intelligent et conscient en raison de ses caractéristiques d'autorégulation. Ce fut justement par cette recherche que débuta le chemin de Bohm vers cette « physique holistique » qui allait le rendre mondialement célèbre comme l'un des physiciens les plus « hérétiques » et à la fois les plus remarquables et révolutionnaires au monde. Les premières recherches de Bohm sur les plasmas, entreprises alors qu'il était encore un doctorant, le portèrent aussi à découvrir un phénomène physique, connu sous le nom de « diffusion de Bohm », provoqué par de l'instabilité dans le plasma lorsque ce dernier interagit avec un champ magnétique externe et qui consiste en une perte rapide de plasma à travers les lignes de force du champ. L'effet de diffusion découvert par Bohm prévoit qu'elle se manifeste avec une loi 1/B (où B est l'intensité de champ magnétique). Cette découverte se révéla fondamentale pour la future physique des réacteurs nucléaires.

Sa recherche sur les plasmas se poursuivit et connut un développement important à l'époque où Bohm était professeur assistant à l'université de Princeton (1947). Là, il étudia le comportement des électrons dans les métaux. Dans ce cas aussi, il s'aperçut que le mouvement des électrons individuels était en mesure de produire des effets d'ensemble hautement organisés, en découvrant ainsi un phénomène désormais connu sous le nom d'« oscillation des plasmas ». Le travail innovant de Bohm dans le domaine de la physique des plasmas consolida sa réputation de physicien théorique résolument rigoureux et à la fois créatif et original.

Au cours de ses recherches sur les plasmas, il fut attiré pas leur nature extraordinaire, à tel point que pour lui ils avaient les caractéristiques des êtres vivants. Les plasmas présentaient aussi selon lui des traits qui les faisaient ressembler à la doctrine marxiste. Il avait en effet entrevu un rapport entre les individus (particules composant un plasma) et la société (plasma dans son ensemble). De cette façon, il se rendit compte que le plasma n'était autre qu'une parfaite métaphore de la société. Pour parvenir à ces analogies déconcertantes, il avait observé attentivement le comportement des électrons dans les plasmas. Ce qu'il observa est bien décrit dans la splendide biographie que lui consacra le physicien et écrivain britannique David Peat.

Lorsque deux électrons chargés négativement sont totalement isolés, l'interaction entre eux s'étend sur une grande distance. Mais dans un plasma, un nombre gigantesque (de l'ordre de centaines de millions) d'autres particules chargées se recombine pour protéger cette interaction à grande échelle. Chacune des particules chargées du plasma n'interagit alors avec les particules proches que sur de petites distances. Mais les interactions à grande distance n'ont pas encore disparu. Ce sont ces dernières qui permettent que le plasma se comporte de façon cohérente.

Vu de loin, un plasma semble être une série d'oscillations collectives comportant un nombre très grand de particules. Grossies plusieurs fois, seul le mouvement aléatoire des particules individuelles résulte toutefois visible. Bohm fut en mesure de créer une description mathématique duale du plasma qui contient les deux points de vue, individuel et collectif. Une description (coordonnées individuelles) explique le mouvement libre des particules individuelles. Puisque les deux descriptions font partie d'un seul tout, le mouvement collectif du tout est renfermé dans le mouvement aléatoire individuel et vice-versa. De façon semblable, une personne peut se sentir relativement libre, même si elle est influencée, à travers perceptions communes et significations, par toutes les valeurs mondiales de la société. Puisque les individus répondent à des significations partagées, la société en tant qu'ensemble est en mesure de soutenir sa structure complexe. Les sociétés humaines, comme les plasmas, sont une synthèse de contraires, afin de permettre aussi bien la liberté individuelle que l'association de l'ensemble. Techniquement parlant, Bohm était ainsi en mesure de démontrer pourquoi les plasmas deviennent instables dans un champ magnétique externe. Il s'agissait là de son exposé théorique du phénomène de la diffusion dans un plasma turbulent, autrement connu sous le nom de diffusion de Bohm.

Le comportement des plasmas, aussi bien les particules individuelles que leur assemblage dans les plasmas, renforça sans aucun doute la foi marxiste de Bohm, mais seulement dans la première partie de sa vie. Dans la seconde moitié, Bohm répudia le marxisme comme philosophie matérialiste (mais pas comme principe en soi) pour accéder à une profonde spiritualité, où le concept de collectivisme matérialiste fut drastiquement remplacé par un « holisme » d'origine éminemment spiritualiste.

L'étude des plasmas fut la porte par laquelle il entra dans le règne de l'ordre implicite.

CHAPITRE 3

Mécanique quantique non locale et potentiel quantique

3.1. DES LACUNES ÉMERGENT DE L'ÉTUDE APPROFONDIE DE LA PHYSIQUE CLASSIQUE DES QUANTA...

En 1951, Bohm, dans la tentative de comprendre la théorie quantique, écrivit un manuel intitulé *Quantum Theory*[1], un classique du genre, dans lequel il présenta et développa clairement l'interprétation classique et orthodoxe de la mécanique quantique, celle qui était née de la glorieuse « école de Copenhague » fondée dans les années 20 et dirigée par l'éminent physicien danois Niels Bohr en collaboration avec le physicien allemand Werner Heisenberg. Les mathématiques utilisées dans ce livre n'étaient pas une fin en soi et ne constituaient un outil indispensable qu'une fois qu'avaient été développées de véritables notions de physique, profondément pressenties, et ciselées dans le temps à la façon d'un peintre lorsqu'il retouche l'un de ses tableaux. Bohm affirma dès l'époque où il rédigea ce livre que c'est le désir de comprendre le sens des phénomènes qui guide la théorie, et pas la théorie qui guide le physicien. De plus, il voulait présenter un texte simple, clair et concis. Dans cet ouvrage, dont le contenu était pour l'essentiel dans la lignée des connaissances quantiques de Bohr, Schrödinger, Heisenberg et Von Neumann, Bohm commença à introduire les concepts qu'il

1 Bohm, David. *Quantum Theory*. Englewood Cliffs, Prentice Hall, 1951. Ouvrage non traduit en français (N.d.T.).

développerait par la suite et que résumait déjà bien cette phrase :

Les concepts quantiques sous-tendent que le monde agit plus comme une unité indivisible, où la nature "intrinsèque" de chaque partie (onde ou particule) dépend aussi d'une certaine manière de la relation qu'elle entretient avec ce qui l'entoure.

Bohm, en écrivant ce livre, commence à faire part de son opinion sur la façon de procéder en physique, une opinion qui devient tout à fait fondée lorsqu'il se trouve aux prises avec les formidables énigmes de la mécanique des quanta. Il s'aperçoit que la physique a pris une tournure extrêmement mathématique, qui vise plus à la résolution des problèmes qu'à leur véritable compréhension en tant que questionnement physique. Dans cette optique, il pense que ses collègues ne réfléchissent pas de manière suffisamment approfondie sur les implications de certains concepts physiques, en préférant passer tout de suite à leur solution pragmatique. Mais un passage trop rapide à la phase de résolution des problèmes (*problem solving*) porte nécessairement à l'établissement d'une carte de complaisance de la réalité, une procédure qui éloigne le scientifique de la pensée objective, mais qui lui donne l'illusion de posséder l'univers simplement parce que ses équations, même si elle sont souvent mal posées ou incomplètes, fournissent des solutions en soi satisfaisantes. Cela revient un peu, d'après Bohm, à enfermer le cerveau à l'intérieur d'une carte au lieu de s'ouvrir à la nature réellement « ontologique » – c'est-à-dire à « ce qui existe réellement » et pas à ce que nous croyons savoir – de la science qu'il faudrait élaborer. Nous rapportons ici à ce sujet ses propres mots :

Dans mon approche de la mécanique quantique, j'ai surtout usé de mon sens intuitif de la nature… La physique a changé par rapport à sa forme primitive, quand elle tentait d'expliquer les choses et de fournir un quelconque cadre physique. Aujourd'hui, l'essence de la physique et celle des mathématiques se confondent. On entend dire que la vérité est dans les formules. Aujourd'hui, mes collègues espèrent trouver un algorithme au moyen duquel ils comptent bien expliquer un vaste éventail de résultats expérimentaux, mais il présentera encore des faiblesses. Ils espèrent finir par expliquer tous les résultats qu'il est possible d'obtenir, mais cela reste un espoir.

Évidemment, Bohm ne niait pas la valeur d'une rigoureuse formalisation mathématique en physique. Au contraire, il y croyait fermement, mais il était aussi convaincu qu'il était beaucoup plus important de bien comprendre les concepts sous-jacents, ce qu'il était possible de faire en associant le raisonnement à la créativité et à l'intuition. Sa confiance dans la pensée profonde le poussa en effet à rédiger un texte de mécanique quantique extrêmement clair au regard des concepts exposés et des problèmes ouverts, avec une formalisation mathématique essentielle, centrée sur le nœud du problème physique. Son texte *Quantum Theory*[2], même si les concepts développés étaient exprimés avec beaucoup de rigueur, fut certainement rédigé de manière drastiquement différente de ce qui était jusqu'alors resté la « bible » mathématique de la mécanique quantique, *Fondements mathématiques de la mécanique quantique*, écrite en 1931 par le physicien John Von Neumann. Le texte de Neumann, qui vantait et développait d'un point de vue mathématique la théorie de Bohr et de l'école de Copenhague, prouvait par les hautes mathématiques qu'une normale réalité déterministe ne pouvait être à l'origine de la théorie quantique, tandis que le texte de Bohm, tout en respectant le modèle canonique de la mécanique quantique unanimement accepté, du moins jusqu'à cette époque, et sans, pour l'instant, introduire de modèles alternatifs, mettait en lumière les aspects obscurs de la théorie classique, c'est-à-dire

2 *Op. cit.* (N.d.T.).

l'impossibilité de traiter les objets de la mécanique quantique de manière causale et déterministe comme cela avait été le cas avec la mécanique classique de Newton. Bohm était très embarrassé par l'impasse dans laquelle se trouvait la physique quand elle avait fini par reconnaître que certains de ses objets étaient nécessairement indéterminés. Il fallait résoudre ce problème et introduire à nouveau d'une manière ou d'une autre le déterminisme, un déterminisme qui s'adaptait aussi au monde de l'infiniment petit. À vrai dire, Bohm aspirait à une rationalité qui émergeait paradoxalement de ses intuitions sur le problème. D'un côté, il y avait une théorie quantique hautement mathématique qui aboutissait toutefois à des conclusions d'inspiration quasiment métaphysique (conclusions également partagées par Niels Bohr et Wolfgang Pauli), et de l'autre, il y avait l'aspiration – née exclusivement de l'intuition de Bohm – à porter les conclusions de la théorie quantique à un niveau rationnel et déterministe.

En rédigeant ce texte, Bohm eut donc le mérite d'éclaircir de manière exemplaire les nombreux points encore en suspens de la théorie quantique, qui fut présentée en des termes relativement simples, et sans user de trop de formules mathématiques sophistiquées. Cela convenait très bien aux étudiants en physique, à qui il fallait communiquer cette théorie de manière efficace. Dans le même temps, avec ce livre, Bohm mit en lumière les problèmes encore irrésolus de la mécanique quantique : cela semblait être le vrai but de cette œuvre, qui aujourd'hui encore est considérée comme le meilleur manuel sur le sujet. Alors qu'il mettait au point son texte, résolument snobé par les autres physiciens de l'époque, à commencer par Bohr, il eut d'innombrables discussions avec Einstein. Ce dernier s'intéressait beaucoup à la mécanique quantique car ses thèses les plus importantes, notamment le mouvement aléatoire des électrons et certains effets non locaux des particules, ne le convainquaient pas et ne pouvaient aucunement se rattacher à sa théorie de la relativité, théorie classique et déterministe née dans le prolongement de la vieille physique d'Isaac Newton.

Bohm, avec son célèbre texte, parvint à fixer et à tirer au clair les points les plus critiques de l'interprétation classique de la mécanique quantique. Après quoi, avec deux célèbres articles publiés dans la prestigieuse revue de physique *Physical Review,* il commença à reformuler cette théorie sous un angle complètement différent de celui sous lequel elle avait été traitée par Bohr et ses acolytes. Bohm était profondément déçu par les conclusions de l'interprétation classique, mais sa déception était aussi partagée par certains de ses illustres collègues comme Erwin Schrödinger, Albert Einstein, Eugene Wigner, Alfred Landé, Paul Dirac et John Wheeler. Ces collègues, à la différence de l'absolutisme apparent de Niels Bohr qui les avait guidés, avaient déjà exprimé de sérieux doutes sur le fait qu'une théorie fondée sur l'indéterminisme et le hasard puisse fournir une vision réelle de l'univers qui nous entoure, mais n'avaient pas trouvé le courage d'envisager l'éventualité qu'il existe des voies alternatives pour interpréter la mécanique quantique. Bohm était en effet le seul qui avait retroussé ses manches, pris son courage à deux mains et commencé à travailler sur une interprétation non classique, en acceptant sans peur de s'ouvrir à des horizons déconcertants qui auraient pu ébranler tout l'édifice de la physique construit pendant plusieurs siècles d'histoire.

3.2. CE QUE L'ON CROYAIT SAVOIR JUSQU'ALORS

Les thèses classiques de la théorie quantique, sur la base du célèbre *principe d'incertitude d'Heisenberg* (du nom du physicien Werner Heisenberg), affirmaient en substance qu'il n'est pas possible de déterminer la trajectoire d'une particule élémentaire comme l'électron dès lors qu'il est impossible de connaître simultanément et à chaque instant sa position et sa vitesse. Ainsi, à la différence de la trajectoire d'une fusée lancée dans l'espace qui suit une mécanique newtonienne bien déterminée et prévisible, la trajectoire d'un électron ne peut être prédite qu'avec des techniques probabilistes et non mécaniques. C'est en effet justement à ça que sert la « fonction d'onde » qui est utilisée dans les équations fondamentales de la mécanique quantique. Un système quantique est représenté par une fonction d'onde, l'un des termes fondamentaux de l'équation de Schrödinger. On peut utiliser la fonction d'onde pour calculer la probabilité de localiser une particule en un point déterminé de l'espace. Lorsqu'une mesure est effectuée, on ne trouve naturellement la particule qu'en un point donné, mais si l'on suppose que la fonction d'onde fournit une description complète et littérale d'un système quantique, cela signifie qu'entre une mesure et l'autre la particule se dissout en une « superposition d'ondes de probabilité » et qu'elle est potentiellement présente dans de nombreux endroits différents à la fois. Quand la mesure suivante est effectuée, on suppose alors que ce paquet d'onde « s'effondre » à nouveau instantanément, de façon aléatoire et mystérieuse, dans une particule localisée. Cet effondrement soudain et discontinu de la fonction d'onde viole l'équation de Schrödinger, et l'interprétation conventionnelle ne donne pas d'explications ultérieures à ce sujet. Cette approche de la matière conduisit à l'« interprétation probabiliste » de l'école de Copenhague, pour laquelle en substance l'équation de Schrödinger ne représente que « la moyenne » des événements subatomiques qui surviennent dans un domaine encore plus profond et inconnaissable.

3.3 LA MÉCANIQUE DE BOHM COMME INTERPRÉTATION CAUSALE DU MONDE SUBATOMIQUE

L'interprétation de Bohm, qu'on définit « ontologique » (c'est-à-dire relative à « ce qui existe ») et « causale », rejette la thèse selon laquelle la fonction d'onde fournit la description la plus complète possible de la réalité. C'est pourquoi Bohm évitera d'introduire la notion, mal définie et insatisfaisante, d'effondrement de la fonction d'onde et tous les paradoxes qui en découlent. Au contraire, il supposera l'existence réelle de particules et de champs. Bohm n'acceptait pas cette absence totale de causalité dans les lois de la nature lorsqu'on entre dans l'infiniment petit et n'acceptait pas non plus la dualité de cette théorie dès lors que, selon les conclusions auxquelles elle mène, l'électron se comporte parfois comme une onde et parfois comme une particule, et il décida d'enquêter sur la façon dont l'électron était guidé dans sa trajectoire. Pour y parvenir, en s'inspirant aussi du concept d'« onde pilote » conçu par son illustre collègue français Louis de Broglie, il reformula complètement la célèbre équation de Schrödinger, celle qui décrit le mouvement de l'électron en utilisant une fonction d'onde spéciale, en y ajoutant un paramètre crucial. Ce paramètre, défini par Bohm comme « potentiel quantique », parvint à transformer le caractère probabiliste de la mécanique quantique pour en faire une théorie déterministe. Ainsi, l'électron ne devient pas effectif par hasard, mais se meut sous l'action d'un « potentiel quantique » lequel, en transmettant l'information de l'environnement général et en garantissant des connexions directes non locales (c'est-à-dire instantanées) entre les systèmes quantiques, le guide dans une trajectoire bien précise et, potentiellement, déterminable. Il était ainsi possible d'expliquer la nature quantique de manière entièrement causale. On parvint alors à démontrer que les particules peuvent se mouvoir le long de trajectoires prédéfinies, sous l'action d'un potentiel quantique, un potentiel aux curieuses « propriétés holistiques » qui agissent pour conduire les électrons. Bohm formula ainsi une interprétation rationnelle de la mécanique quantique. Ce fut ainsi qu'il créa ce que l'on définit inexactement comme une « Mécanique bohmienne », c'est-à-dire une mécanique quantique non classique qui fait usage de concepts qui à l'époque furent définis très exotiques, en particulier si l'on observe les caractéristiques du potentiel quantique dont Bohm se servit. Les concepts qui émergèrent dans l'exposé quantique de Bohm semblaient aussi exotiques que dut l'être, à l'époque de Newton, la force de gravité, alors considérée comme une « action à distance » et comme une espèce de force occulte. Bohm pensait que le potentiel quantique « phare » guidait l'électron de manière non mécanique, mais la façon exacte dont cela se passait reste un mystère. Avec son collègue français Jean-Pierre Vigier, il avait supposé l'existence d'un « fluide subquantique » par lequel l'électron pouvait échanger énergie et moment afin d'être sujet à une poussée (idée de Vigier). C'était un peu le concept très élaboré de l'« onde pilote » de Louis de Broglie, développé au tout début de la mécanique quantique.

3.4. LE POTENTIEL QUANTIQUE ET LE CHAMP DU POINT ZÉRO

Les caractéristiques du potentiel quantique ne sont pas une pure abstraction de Bohm, du moment où l'existence d'un vaste océan d'énergie auquel peut puiser le potentiel quantique est reconnue par la théorie quantique standard (c'est-à-dire la théorie classique). Cet océan d'énergie est justement le vide quantique, autrement défini comme le « champ de point zéro », dont l'existence fut démontrée par une célèbre expérience réalisée en 1948 par le physicien hollandais Hendrik Casimir. De ce champ, qui est soumis au monde de la matière et qui s'étend aussi probablement sur un domaine hyper-dimensionnel, on sait encore peu de choses, mais sa densité d'énergie a été estimée à environ 10^{108} J/cm^3, un nombre immensément élevé qui nous montre que le monde de la matière dans lequel nous vivons n'est qu'une cristallisation transitoire dans le monde tridimensionnel et dans le temps d'une énergie qui provient d'ailleurs, une énergie qui gouverne l'univers tout entier et la vie en lui. Dès son enfance, Bohm eut plusieurs fois de très nettes « visions » de lumière et de très grandes énergies. Au sujet du concept du vide, il dit :

L'espace n'est pas vide. Il est plein, c'est un "plenum" en opposition au vide absolu, et c'est le terrain qui permet l'existence de toute chose, y compris la nôtre. L'univers n'est pas séparé par cet océan cosmique d'énergie, c'est une ride à sa surface, une espèce de "zone d'excitation" au milieu d'un océan incomparablement vaste. Cette zone d'excitation est relativement autonome et donne lieu à des projections approximativement récurrentes, stables et séparables dans un ordre de manifestation tridimentionnelle.

3.5. L'ÉQUATION DE SCHRÖDINGER DE BOHM ET LA MÉTAPHORE DU BATEAU

Le potentiel quantique de Bohm n'est pas une quantité qui diminue avec l'inverse du carré de la distance comme le font tous les signaux électromagnétiques dans la physique classique ; c'est une quantité dont l'intensité ne dépend pas de la distance, mais seulement de la « forme ». D'après Bohm :

À la différence de ce qui se passe avec les potentiels électrique et magnétique, le potentiel quantique ne dépend que de la forme. Cela signifie que même lorsque ce potentiel quantique est faible, il peut influencer énormément la particule. C'est comme si l'onde d'un lac était en mesure de faire tressauter un bouchon de liège qui flotte dans l'eau, même si ce dernier est loin de la source de l'onde. Ce concept est fondamentalement différent des vieilles notions développées par Newton. Car il sous-tend que même des caractéristiques environnementales distantes peuvent fortement influencer les particules.

Cela comporte la construction d'un modèle de portée cosmologique qui change drastiquement les thèses les plus importantes de la physique. Évidemment, la communauté des physiciens de l'époque commença à voir d'un mauvais œil cette innovation majeure que Bohm introduisit dans la mécanique quantique et qui traîna alors une réputation d'hérétique au sein du milieu universitaire. Mais Bohm ne se découragea pas. Il était parti des plasmas, en découvrant qu'il s'agissait d'une espèce de conglomérat intelligent de particules avec des caractéristiques aussi bien individuelles que collectives, pour aboutir à une échelle plus vaste où le potentiel quantique représente une espèce de force invisible qui guide toutes les particules de l'univers de façon complètement différente par rapport à tous les champs connus en physique.

Mais comment Bohm parvint-il à introduire cette entité aussi incroyablement exotique ? Il avait pris l'équation de Schrödinger, laquelle décrit, en représentant l'équation centrale de la mécanique quantique, la façon dont une fonction d'onde Ψ, qui détermine la probabilité de trouver une particule dans un point déterminé de l'espace à un instant donné, évolue dans le temps. En utilisant des techniques mathématiques très élégantes, Bohm partagea cette équation en deux termes : un terme classique qui reproduit essentiellement la physique de Newton et un terme non classique qu'il appela justement le potentiel quantique. La partie classique traite l'électron comme une particule ordinaire, comme dans la physique classique de type newtonnien. La partie non classique décrit le potentiel quantique comme quelque chose de semblable à une onde qui fournit de l'information à l'électron en l'unissant au reste de l'univers. C'est justement le potentiel quantique qui est responsable de la très célèbre dualité onde/particule et de tous les autres phénomènes pour lesquels la mécanique quantique est devenue célèbre. Le potentiel quantique, de par sa nature même, est en particulier capable de rendre compte des « effets non locaux » prévus par une célèbre « expérience mentale » (comme c'est souvent le cas en physique théorique) qu'on appelle le « paradoxe EPR » (des initiales des physiciens qui l'ont élaborée : Einstein, Podolsky et Rosen). Nous parlerons de cette expérience en détail par la suite. Sur la base des propriétés du potentiel quantique qu'il avait mises en évidence dans sa façon d'interpréter l'équation de Schrödinger, Bohm parvint, pour la première fois en physique, à introduire ce qui est un véritable « champ d'information », où l'électron n'est pas à la merci du hasard ou d'une mystérieuse finalité métaphysique, mais une quantité bien définie, même si en incessante transformation, sans cesse informée de l'environnement qui l'entoure. Mais cet étrange « environnement » n'est pas un système typique – qu'il soit ouvert ou fermé – de la physique, mais un monde qui transcende tout l'espace dans une unité sans temps. Cela ne signifie pas que Bohm a découvert Dieu dans l'équation de Schrödinger, mais qu'il a découvert un élément déconcertant au sein de la physique, une espèce de « cinquième élément » qui gît au-delà de la physique comme on la conçoit normalement. Tout cela prouve que la physique peut être rigoureusement adaptée à l'existence de règnes plus élevés de vérité, d'ordre et d'existence, où le concept d'« éternité » commence à jouer un rôle d'importance fondamentale.

Plutôt que de passer à des détails ultérieurs de la théorie qui est à la base du potentiel quantique, comme extension drastique de la mécanique quantique, il est plus instructif de commenter ces notions en rapportant les célèbres métaphores par lesquelles Bohm expliquait des concepts extrêmement complexes. Dans ce cas spécifique, le sens de l'« équation de Schrödinger dédoublée » selon la mécanique bohmienne peut être représenté par la célèbre métaphore du bateau. Dans ce cas, l'électron pourrait être symbolisé par un bateau qui arrive au port grâce à la puissance de ses moteurs, mais piloté par des signaux émis par un radar. Les moteurs représentent la mécanique classique tandis que le radar représente le potentiel quantique de la mécanique bohmienne. La grande puissance de ses moteurs conduit le bateau à travers la mer, mais sa route est déterminée par les signaux radar. L'énergie associée à ces signaux est négligeable par rapport à la puissance des moteurs. Mais ces signaux radar sont riches d'informations et indiquent précisément la direction du bateau. Voilà qu'apparaît donc à nouveau le concept de « champ d'information ». Le potentiel quantique n'est donc rien d'autre qu'une énergie faible, mais hautement informée en mesure de donner forme à une énergie brute « non formée ». Quelque chose d'analogue se passe avec le mouvement de l'électron. Cette description, c'est-à-dire les considérations sur le champ d'information, a un caractère objectif, dans le sens où elle permet de décrire la réalité indépendamment de l'observateur. Le concept d'« information » doit donc flanquer celui d'énergie et de matière comme l'un des facteurs qui sous-tendent les processus de l'univers.

Tout cela, selon Bohm, revient un peu à dire que la mécanique quantique nous révèle la double structure de la réalité cosmique : un ensemble de forces qui gouvernent la matière et un « système de pilotage » qui fournit au monde de la matière l'information sur la manière de bouger. Le premier facteur est prévalent dans le monde macroscopique, descriptible aussi bien par la mécanique newtonienne que par la relativité d'Einstein, où le rôle de l'observateur n'a aucune influence sur la réalité, tandis que le second facteur prédomine dans le monde microscopique où, comme nous le verrons dans le détail par la suite, l'observateur en personne participe de la réalité observée. Et pourtant, du moment où le monde macroscopique est lui-même composé d'un nombre incommensurablement grand d'éléments microscopiques, le monde macroscopique aussi, c'est-à-dire la réalité que nous vivons tous les jours, est intimement pilotée par un « champ de forme » qui prévient à chaque instant la matière sur la façon de bouger. Le monde macroscopique ne peut exister que si l'espace et le temps existent eux aussi ; la physique qui le décrit a donc des caractéristiques locales, tandis que le monde microscopique n'a pas besoin de l'espace ni du temps, mais perçoit le pilotage et l'information de manière instantanée, de sorte que la physique qui le décrit est définie « non locale ». Le monde microscopique reflète l'existence d'un infini en dehors de l'espace et du temps et ne reçoit pas l'information d'un lieu précis, mais de tout l'univers dont l'« emplacement » est identifié dans une espèce de « préespace », siège de la conscience de l'univers, un ordre qui existe sous le niveau des particules fondamentales et qui précède les notions d'espace et de temps. Dans le préespace, il n'existe aucune distinction entre l'espace, le temps et la matière. À ce propos, Bohm affirme :

En mécanique classique, le mouvement, ou la vitesse, est défini comme le rapport entre la position actuelle et la position d'il y a un instant. Ce qu'il y avait il y a un instant s'en est allé ; on met donc en relation ce qui est avec ce qui n'est pas. Ce n'est pas logique. Dans l'ordre implicite où le potentiel quantique est à l'œuvre, on met en relation différents états qui sont présents ensemble dans la conscience. On met en rapport ce qui est avec ce qui est... Le "sens" est le pont entre la conscience et la matière... Tout regroupement de matière a un sens pour chaque esprit distinct.

Ce sont les concepts que Bohm, au cours de sa vie, parviendra à approfondir de manière philosophique et à travers quelques tentatives mathématiques mal réussies. Tout cela après être parti d'une reformulation mathématique de l'équation fondamentale de la mécanique quantique, celle qui le poussa à déclencher une vraie révolution en physique.

3.6. DE POSSIBLES PRÉDICTIONS EXPÉRIMENTALES

La classique théorie probabiliste de la mécanique quantique (née des esprits de Bohr, Heinsenberg et Schrödinger) – pour laquelle le concept de probabilité était un concept absolu – n'était autre qu'une mesure de notre ignorance dans l'interprétation du mouvement compliqué des électrons, dont l'identification exige d'aller bien en dessous de la limite de Planck (10^{-13} cm). Dans la théorie quantique classique, à la suite d'une mesure, le système tend rapidement à randomiser (c'est-à-dire à se comporter de façon aléatoire) ; en conséquence, les mesures suivantes semblent ne pas être liées avec la première. Bohm considérait que si deux mesures consécutives étaient effectuées dans un intervalle suffisamment petit (par exemple, de l'ordre d'un milliardième de seconde), le système n'aurait pas le temps de randomiser. De cette façon, il aurait été possible d'observer de légers liens entre des mesures consécutives. En effet, à la différence de l'école de Copenhague de Bohr, Bohm considérait qu'une mesure quantique sans observateur est possible. Des mesures de ce genre, pensait Bohm, auraient pu être réalisées à l'avenir en utilisant des techniques de pointe, en permettant ainsi de choisir entre la théorie classique et sa théorie quantique. Selon le modèle classique de la mécanique quantique, les électrons se comportent de façon aléatoire, lorsqu'on les observe. En réalité, ils évoluent dans un fluide subquantique qui agit sur eux à leur insu, mais de façon causale, tout comme des molécules d'eau invisibles exercent une influence cachée sur les grains de pollen en suspension dans l'air en les faisant bouger de manière apparemment aléatoire. Mais le nouveau concept de hasard introduit par Bohm avec son potentiel quantique était complètement différent de celui des théories déterministes de type newtonnien. Des calculs furent tentés, en collaboration avec son collègue français Jean-Pierre Vigier, pour mettre au point des prédictions sur les expériences futures en mesure d'établir les effets du potentiel quantique sur les particules, mais ils ne parvinrent pas à atteindre un résultat concret permettant de réaliser des tests fondamentaux. Espérons que ces tests finiront par être effectués quand les appareils de mesure seront devenus si sophistiqués et précis qu'ils permettront aux senseurs d'enregistrer des événements avec une résolution temporelle de l'ordre du milliardième de seconde, par exemple. Sans aucun doute, l'équation de Schrödinger ne représente que la « moyenne temporelle » de choses qui se passent dans un domaine encore plus profond, et bien que l'on dispose des capacités déterministes inhérentes au concept de potentiel quantique, il manque encore une observation expérimentale en mesure de confirmer la pourtant rigoureuse dérivation théorique du potentiel.

3.7. CHAMP D'INFORMATION, ONDES ET PARTICULES

Dans sa théorie quantique, Bohm explicita ce qui avait toujours été implicite : la notion de totalité, conséquence de la nature du potentiel quantique avec lequel il avait reformulé l'équation de Schrödinger. La grande différence entre le potentiel classique (comme, par exemple, un champ magnétique) qui augmente au fur et à mesure que diminue la distance entre les deux particules, et le potentiel quantique, c'est que le potentiel quantique ne dépend pas de la distance. Cela génère inévitablement des effets non locaux. Et le potentiel quantique ne dépend pas de l'intensité, mais de la « forme ». De plus, le potentiel quantique s'annonce comme une « information active » car il contient des informations sur toute la situation expérimentale dans laquelle se trouve l'électron. Quand l'électron évolue le long de son parcours, il répond à ce paquet d'information, en atteignant une espèce de « statut ». Lorsque ce « statut » est enregistré dans le monde macroscopique, l'information devient inactive et ce qui était une potentialité est transformé en « actualité ». Dans ce vaste contexte, des particules distantes de systèmes quantiques sont intimement liées à travers le potentiel quantique, quelle que soit la distance à laquelle elles se trouvent. Cette nouvelle et plus fidèle version du monde quantique remet en question l'existence d'objets indépendants. Le concept de « non-localisation » sera développé par la suite dans le cadre d'une théorie plus vaste.

De quelle façon Bohm résolut-il la nature duale d'onde et de particule de l'électron, dans le cadre de ce nouvel exposé de l'équation fondamentale de la mécanique des quantas ? Dans cette optique, l'électron apparaît comme une entité dynamique. Bohm visualise l'électron comme une onde qui s'écroule vers l'intérieur de l'univers jusqu'à prendre l'apparence d'une particule pour ensuite se répandre à nouveau vers l'extérieur jusqu'à prendre l'apparence d'une onde. Et que dire des photons ? Bohm se rendit compte que la lumière (et d'autres champs) peut être traitée comme l'action de champs purs afin que le photon devienne un objet global non local. De la sorte, la lumière et le champ électromagnétique en général sont entendus comme un mouvement vers l'intérieur du champ et vers l'atome excité pour ensuite se répandre de nouveau vers l'extérieur, tout en prenant l'énergie en excès de l'atome. À propos de particules élémentaires, et de l'électron en particulier, Bohm affirma :

Selon la physique classique, la réalité est effectivement constituée de petites particules qui séparent le monde dans ses éléments indépendants. Je propose à présent le contraire, c'est-à-dire que la réalité fondamentale soit un processus de fermeture et d'ouverture, et que ces particules ne soient que les abstractions de ce processus. Nous pourrions nous imaginer l'électron non pas comme une particule qui existe sans cesse, mais comme quelque chose qui entre et qui sort et qui rentre à nouveau. Si ces condensations sont très proches dans le temps, elles peuvent approcher une trace. L'électron ne peut jamais être séparé de la totalité de l'espace, lequel est son terrain.

Le dualisme onde/particule est donc vu comme un processus dynamique qui a lieu des milliards de fois par seconde, en mesure de raccorder sans cesse le micromonde au macromonde. De la même façon, pour citer l'une des nombreuses métaphores qu'il utilisait pour expliquer sa physique, Bohm comparait la nature quantique de l'électron à un tourbillon d'eau qui se forme dans un lavabo lorsque le trou d'écoulement est ouvert. Le tourbillon a l'air d'être, du moins pendant un certain temps, une entité stable et bien localisée, mais en réalité il n'existe pas si on ne l'associe pas au trou au fond du lavabo et à l'eau. Le tourbillon n'existe que comme forme momentanée : les particules de la mécanique quantique fonctionnent de la même façon.

3.8. LE PARADOXE EPR ET LA NON-LOCALISATION

La base épistémologique de toute la théorie de Bohm réside certainement dans le célèbre « paradoxe EPR », une expérience de pensée née des esprits des physiciens Albert Einstein, Boris Podolsky et Nathan Rosen, peaufinée par le physicien John Bell (qui en fit un théorème), explicitée par Bohm dans le cadre de sa mécanique et, enfin, confirmée par le physicien Alain Aspect en 1982. Le concept qui est à la base de ce paradoxe est que si l'on prend une particule élémentaire, par exemple un électron, sans spin (le spin représente la caractéristique de rotation des particules élémentaires), et qu'on la scinde en deux parties, l'une doit obligatoirement avoir un spin de +1/2 et l'autre un spin de –1/2. Cela est inévitable afin de garantir la loi de conservation du spin – qui doit avoir une somme égale à zéro – lorsque les deux moitiés redeviennent une seule particule avec spin +1/2–1/2=0. Si l'on suppose à présent que chacune de ces particules est envoyée dans des directions contraires jusqu'à atteindre des distances très grandes, on s'attend à ce que le spin total reste égal à zéro et cela afin que la loi de conservation du spin soit respectée. Supposons alors qu'on inverse le signe du spin d'une des deux particules. Comment se comporterait l'autre particule ? Pour garantir la loi de conservation du spin, elle devrait instantanément changer le signe de son propre spin. De cette façon aurait lieu ce que Bohm appelle l'effet des « spins liés ». Mais ici naît le paradoxe. Dans la tentative de garantir le respect de la loi de conservation du spin, on viole le plus grand des piliers de la théorie de la relativité qui affirme que les signaux ne peuvent pas se propager instantanément, mais seulement à une vitesse finie, qui est celle de la lumière. La tentative de la seconde particule génère un événement non local, c'est-à-dire instantané, absolument non prévu par la physique classique. Le concept de non-localisation sous-tend que des objets distants sont liés entre eux d'une manière que la physique classique ne peut expliquer. Toutefois, la non-localisation, selon la mécanique quantique, n'a rien à voir avec des interactions ou des signaux : elle est instantanée et semble transcender les limites de l'espace et du temps. On ne peut l'expliquer sur la base d'un champ conventionnel ou d'une force. Il est quasiment impossible d'expliquer le concept avec le langage ordinaire, mais comme Bohm s'en rendit compte avec beaucoup de profondeur dans la seconde moitié de son parcours de recherche, la création d'un nouveau langage, qui doit à son tour naître d'une nouvelle façon de penser et de percevoir la réalité, est nécessaire.

Les résultats de l'expérience EPR montrent clairement que des particules subatomiques qui sont éloignées l'une de l'autre sont en mesure de communiquer entre elles d'une manière qu'on ne peut pas expliquer par l'émission de signaux qui voyagent à la vitesse de la lumière. Par conséquent, comme le pensait Einstein, ou la mécanique quantique est complètement fausse, ou les particules doivent nécessairement répondre à des « variables cachées » qu'il faut découvrir. Bohm avait très probablement identifié ces variables cachées justement dans le potentiel quantique, qui détermine le caractère non classique de la mécanique quantique tout en permettant de trouver un élément en mesure de gouverner de manière apparemment déterministe et causale la trajectoire des particules quantiques. Sans aucun doute, en réfléchissant de manière approfondie sur les conséquences de l'expérience EPR, Bohm commença à subodorer que la raison pour laquelle les particules subatomiques restent en contact indépendamment de la distance qui les sépare réside dans le fait que leur séparation est une illusion. Dans les étapes successives de sa vie, en particulier avec sa théorie de l'« ordre implicite », il développa et mûri en effet l'idée qu'à un certain niveau de réalité plus profond, ces particules ne sont pas des entités individuelles, mais des extensions d'un même « organisme » fondamental. Un organisme qui remplace complètement le concept de froid « mécanisme », tel que le concevait la physique classique pour décrire l'interaction entre les objets.

En 1959, Bohm et un jeune assistant israélien qui s'appelait Yakir Aharonov découvrirent un important exemple de ce qui peut être défini une « interconnexion quantique ». Ils découvrirent qu'en certaines circonstances, les électrons sont en mesure de « sentir » la présence d'un champ magnétique proche même s'ils sont en train de voyager dans des régions d'espace où la force d'un champ magnétique est égale à zéro. Même en l'absence d'un champ et d'une source, l'électron est capable de sentir l'action d'un potentiel : ce célèbre « potentiel vecteur », une quantité qui dans l'électrodynamique classique n'était considérée que comme un pur artifice mathématique, mais sans aucune signification physique, et qui au contraire, avec l'expérience d'Aharonov et de Bohm, est capable d'agir seul sur l'électron en altérant la phase de sa fonction d'onde. Ce phénomène est à présent connu sous le nom d'« effet Aharonov-Bohm », et cette découverte de grande portée laissa de nombreux physiciens incrédules. Ce fut toutefois une découverte qui pour de nombreux autres physiciens aurait pu valoir le prix Nobel à David Bohm.

3.9. ÉTHER, ESPACE ABSOLU ET PRÉESPACE

D'autres physiciens qui collaborèrent pendant un certain temps avec Bohm comme, par exemple, le Français Jean-Pierre Vigier et plusieurs physiciens de l'Institut Henri Poincaré de Paris, vont jusqu'à expliquer le potentiel quantique en termes de fluctuations d'un « éther » réel disséminé dans tout l'univers, en contredisant par là même l'expérience de Michelson et de Morley qui, en faveur de la théorie de la relativité d'Einstein, en niait l'existence. Mais Bohm en personne, qui s'interrogeait sur ce point depuis qu'il était enfant, fut poussé à penser que les particules élémentaires pouvaient être le résultat d'un nombre démesuré de particules encore plus petites qui se comportent de façon collective, exactement comme le font les électrons dans les plasmas. Cette idée germa justement à partir de la notion d'« éther » sur laquelle il avait réfléchi depuis l'époque du lycée. En effet, Bohm voulait décrire l'électron comme une structure complexe qui évolue dans un éther sous-jacent. À des distances des millions de fois plus petites que l'électron, la relativité d'Einstein se briserait dans un « espace absolu » bien réel (que Einstein avait rejeté), un éther fait de particules minuscules. Bohm savait que la non-existence de l'éther n'avait jamais été démontrée. Des recherches de ce genre se relient nécessairement au « champ du point zéro », que plusieurs physiciens dans le monde ont étudié et étudient encore. Le fil rouge de certaines recherches, c'est qu'il semble exister dans l'univers, bien qu'en partant de principes différents et en empruntant des chemins différents, un « je-ne-sais-quoi » qui en régit les propriétés matérielles et énergétiques comme une force invisible et, pour l'instant, impossible à mesurer. En poussant plus loin la comparaison, il semblerait que ce je-ne-sais-quoi, pour David Bohm le potentiel quantique, ne soit autre que l'esprit de la matière vivante et non vivante, une entité infinie dotée de conscience en mesure de créer, apparemment à partir de rien, et de « piloter » le monde de la matière et de l'énergie en s'accrochant à ses particules les plus petites, c'est-à-dire à la structure intime de la réalité. Une réalité qu'on ne peut définir ni objective, ni subjective. Le monde de la matière et celui de l'esprit sont si intrinsèquement liés qu'ils finissent par former un seul ensemble et qu'il faudrait forger un nouveau terme, « omniectif », pour définir la réalité. Et pourtant, ce concept n'est absolument pas nouveau, mais remonte à deux mille ans lorsque la tradition tantrique du monde hindou postulait une philosophie identique. D'après elle, la réalité n'est qu'une illusion, cette illusion qu'on appelle le « voile de Maya ». Par conséquent, l'erreur principale que nous commettons en ne percevant pas ce voile illusoire, c'est que nous nous percevons comme des êtres séparés du monde qui nous entoure. C'est un règne où les lois de la physique classique ne sont plus valables, et il représente le but ultime de la physique, mais aussi son plus grand écueil : nous ne sommes pas encore parvenus à trouver la métrique, le domaine géométrique et les opérateurs mathématiques en mesure de le décrire formellement.

Sous cet espace absolu – autrement appelé « préespace » – dont il supposait l'existence, Bohm considérait que toute la matière contenait une infinité de niveaux qualitativement différents, tous liés. Cela le conduisit à penser à l'univers comme à une structure holistique et organique, pratiquement semblable à un corps humain. Dans ce contexte, les électrons d'un atome de carbone du cerveau humain sont liés aux particules subatomiques qui constituent chaque saumon qui nage, chaque cœur qui bat et chaque étoile qui brille dans le ciel. Toute chose interpénètre toutes les autres, et même si la nature humaine est tentée de catégoriser, classer et diviser les différents phénomènes de l'univers, toutes ces scissions sont nécessairement artificielles et tout, dans la nature, constitue un réseau infini.

La physique, selon Bohm, n'est donc que l'approximation d'un certain niveau, et l'ultime niveau ne pourra jamais être atteint ni qualitativement, ni quantitativement. Le but du physicien consiste alors à découvrir tous les niveaux, un par un, en allant de plus en plus profondément et en espérant que les particules suivent, à des niveaux très profonds, des propriétés causales. Ces propriétés sont entièrement guidées par le potentiel quantique, et c'est justement pour cette raison que la mécanique quantique selon Bohm, en antithèse avec le probabilisme et l'indéterminisme presque métaphysique de l'école de Bohr, prend une valeur déterministe. Mais ce déterminisme n'a rien en commun avec celui de la physique de Newton et d'Einstein car les objets traités (c'est-à-dire les particules élémentaires) ne sont pas soumis à la théorie classique des champs, où l'action d'un champ (notamment électromagnétique) sur une particule donnée se propage par signaux et à la vitesse de la lumière et dépend de l'intensité de ce champ et de la distance de la particule, mais à une espèce de « champ d'information », dit potentiel quantique, qui en guide instantanément la trajectoire aussi bien individuellement que dans le cadre d'un domaine plus vaste où tout est lié.

3.10. L'ILLUSION DE LA FRAGMENTATION, L'INFINI ET L'UN

Sur la base des résultats déconcertants de l'expérience EPR, en rapport étroit avec le concept de « potentiel quantique » élaboré par Bohm, émerge un tableau de l'univers où l'univers lui-même, dans toute son infinité, est un ensemble fermé, concentré en un point, où n'importe quel déplacement apparent n'est qu'une illusion, d'où il découle que deux particules, nées d'une seule particule, maintiennent l'unité originaire même à de très grandes distances. Ici réside le grand mystère du cosmos, celui que David Bohm était parvenu à découvrir dès le début de ses recherches avec les plasmas. La matière ne peut être fragmentée, ce n'est qu'une illusion. L'univers ne peut être compris que dans sa totalité, et la physique classique, justement aux débuts du siècle passé, en entrant dans les méandres de la mécanique quantique, ouvrit au monde une nouvelle porte vers l'inconnu. Cela ébranla cet immense édifice de la science que l'on pensait solide comme un roc, et bien peu de physiciens dans le monde acceptèrent le nouveau défi, en préférant se raccrocher au monde illusoire et fragmenté de la physique classique, où tout semble effectivement fonctionner comme une montre, mais où la connaissance n'a pas accès à la dimension la plus profonde de l'être.

David Bohm, au nom de la recherche d'une « vérité vraie », accepta le défi et combattit en son nom des batailles en tout genre jusqu'à la fin de sa vie, même si le fait de ne pas être parvenu à trouver un opérateur mathématique en mesure de décrire la matrice réelle qui se cache derrière notre réalité illusoire lui laissa un sentiment de frustration. Ce fut justement avec le travail et la pensée de Bohm qu'eut lieu la fin du dualisme cartésien, où physique et philosophie étaient nettement séparées. En effet, la confirmation théorique et empirique de la mécanique quantique, notamment son développement non classique effectué par Bohm, démontre que les thèses mécanistes et atomistes de la science de Newton et de Descartes ne sont qu'une excellente mise en scène de la réalité, même s'il s'agit d'une approximation valable à l'échelle macroscopique, et qu'elles ne constituent pas une description réelle du monde à ses niveaux fondamentaux, en particulier quand on le compare avec le monde subatomique. De cette façon, la mécanique quantique, et notamment les développements mis au point par Bohm, représentent la seule porte possible pour décrire la réalité dans ses fondements. Cela représente un profond processus de transformation de la physique qui l'oblige nécessairement à s'interroger sur ses principes et ses méthodes. La méthode mathématique d'enquête des phénomènes physiques est et reste valable, mais à des niveaux profonds, l'esprit du physicien est obligé d'ouvrir de nouveaux horizons de la pensée qui se rattachent en partie à la philosophie platonicienne et en partie aux philosophies et religions du monde oriental. Dans le même temps, les nouveaux principes qui émergent d'une interprétation profonde de la mécanique quantique exigent de nouvelles techniques mathématiques en mesure de permettre le traitement formalisé de concepts complètement exotiques comme les phénomènes non locaux. Bohm n'y parvint pas malgré toutes ses tentatives, en particulier celles avec la topologie algébrique effectuées en collaboration avec Basil Hiley, son fidèle collègue du

Birbeck College qui l'accompagna pendant une bonne partie de sa vie. Le dernier travail réellement mathématique de David Bohm concerne la reformulation de l'équation de Schrödinger en intégrant le potentiel quantique. Par la suite, en revanche, quasiment tout le travail de Bohm est purement conceptuel et d'inspiration nettement philosophique, même s'il vise à chercher de nouveaux principes de la physique en mesure de décrire la réalité au niveau profond.

CHAPITRE 4

Le pilote invisible de l'univers holographique : l'ordre implicite

4.1. VERS L'HORIZON INFINI : L'ORDRE IMPLICITE, LE MOUVEMENT HOLOGRAPHIQUE ET LA CONSCIENCE

Bohm cessa progressivement de passer la plupart de son temps à définir mathématiquement les variables cachées inhérentes à la définition du potentiel quantique, et il commença à se poser le problème de la structure, du processus et de l'ordre en physique. Bohm s'était toujours intéressé à la façon dont l'ordre peut émerger d'un plan sous-jacent, qu'il s'agisse d'éther ou d'une concentration de particules. Un exemple de ce genre était le plasma, où les oscillations collectives émergeaient d'un nombre démesuré de mouvements individuels. Il sentait à présent la nécessité d'élargir ce concept à tout l'univers et au-delà. Dans le cadre de ce qui fut ensuite un effort à grande échelle, il se demanda aussi s'il pouvait exister une structure complexe avant le temps et l'espace. En effet, il commença à supposer que l'espace pouvait être le « résultat moyen » d'une série de phénomènes dynamiques complexes, apparemment chaotiques, provenant d'une espèce de « préespace ». Avec ces objectifs en tête, qui caractérisèrent presque toute la période passée en Grande-Bretagne, Bohm se consacra à formuler la théorie de l'« ordre implicite », que l'on peut comprendre comme l'ultime théorie de sa vie, née en tant que développement dialectique du concept de potentiel quantique et élargie des particules infiniment petites à l'univers dans sa totalité.

Au cours de cette période, Bohm toucha un public très vaste constitué non seulement de physiciens, mais aussi de philosophes, de psychologues, d'éducateurs, de théologiens, de musiciens, d'écrivains, d'artistes plasticiens et de personnes ordinaires. Il poursuivit aussi le dialogue, même si difficilement, avec son grand collègue et adversaire Niels Bohr, qui partageait à tout point de vue l'approche classique de la mécanique quantique. Toutefois, Bohm trouvait Bohr enrichissant car à la différence des autres physiciens qui ne se préoccupaient que des détails, Bohr tenait compte de la nature des problèmes physiques dans leur ensemble. Bohr inspira d'ailleurs sa façon d'enquêter un problème physique dans sa totalité à Bohm, mais ce dernier s'en écarta presque totalement au niveau des contenus.

Dans le contexte de la nouvelle tournure que prit son travail, Bohm examina attentivement une « cosmologie philosophique » (qui peut aussi être entendue comme une métaphysique) où tout l'univers peut être pensé comme un hologramme géant et avec des caractéristiques continuellement dynamiques. Cela génère ce qu'il définit un « mouvement holographique », dans le cadre duquel se développe de façon implicite et non manifeste un ordre dans l'univers. Un ordre caché qui imprègne chaque région de l'espace et de l'univers, que Bohm appelle l'« ordre implicite », celui de la mécanique quantique, le plus proche de la pensée et de la perception. Le monde implicite, qui est caché, donne naissance comme par magie à la réalité phénoménale, celle que l'on perçoit avec nos sens et nos instruments, donc à l'ordre de l'espace et du temps, de la séparation et de la distance, des signaux électromagnétiques, de la force mécanique et de la cause effective, une réalité qui opère sous une forme qu'il appelle « ordre explicite », un monde ouvert et révélé de façon manifeste. L'ordre explicite n'est donc rien d'autre que la projection, d'un point de vue dimensionnel, de niveaux plus élevés de réalité qui trouvent leur origine dans l'ordre implicite. La stabilité et la solidité apparentes des objets et des entités qui œuvrent dans l'ordre explicite sont générées et soutenues par l'alternance incessante de ce qui est latent et de ce qui est manifeste, un processus où les particules subatomiques se dissolvent sans cesse dans l'ordre implicite pour ensuite se cristalliser dans l'ordre explicite.

Les physiciens traditionnels, aujourd'hui encore, tendent à penser en termes d'ordre explicite. Ils scrutent la matière, à la recherche d'entités de plus en plus petites jusqu'à l'ultime particule. Leurs équations fondamentales sont écrites en utilisant les coordonnées de l'espace et du temps. Et leur monde de la physique est distinct de celui de l'esprit. La conception d'un monde latent était totalement absente de la physique avant que ne jaillissent avec force les profondes intuitions de Bohm qui lui vinrent justement en étudiant à fond non seulement le formalisme, mais aussi le sens profond de la mécanique quantique. Bohm introduisit le concept d'ordre implicite lorsqu'il commença à avoir des visions de l'infini sous la forme de très nombreux miroirs sphériques qui se reflètent l'un dans l'autre, où l'univers est composé d'une infinité de réflexions, et de réflexions des réflexions. D'après ses intuitions, chaque atome renvoie ainsi par réflexion et l'infinité de ces réflexions est réfléchie dans toute chose : chacune est une réflexion infinie du tout.

Donc, l'ordre implicite sous-tend en « soi » tous les univers physiques. Bohm compare les caractéristiques de « pilote invisible » de l'ordre implicite à la décodification d'un signal télévisé pour produire une image sur un écran. Selon cette analogie, le signal, l'écran et l'électronique de la télévision représentent l'ordre implicite, tandis que l'image qui se forme sur l'écran représente l'ordre explicite. Une autre analogie qui explique la relation entre ordre implicite et ordre explicite est celle de la feuille de papier. Supposons que nous plions plusieurs fois une feuille de papier, puis que nous la découpions en un point et que la nous déplions à nouveau complètement. Nous observerons alors de nombreuses formes symétriquement séparées. Ces formes ont en réalité été produites par la même coupure dans la feuille pliée. La coupure représente ici l'ordre implicite, tandis que les formes séparées qui apparaissent lorsqu'on déplie la feuille représentent l'ordre explicite.

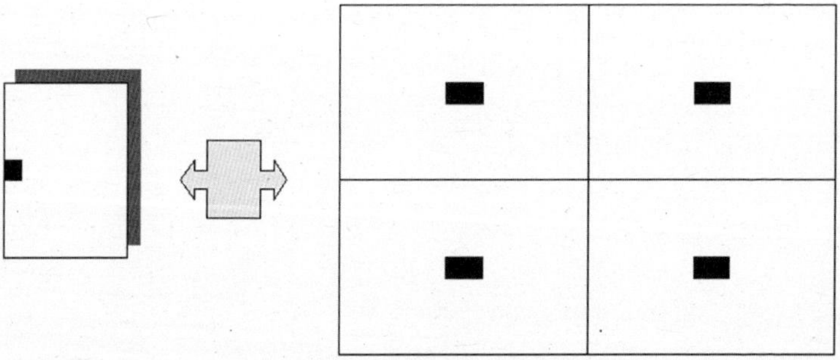

Métaphore de la feuille pliée (en 3 parties), découpée en un point, puis dépliée.

Le même ordre implicite résonne à partir d'un champ d'énergie qui est encore plus grand et qui est le règne du potentiel pur. Du potentiel pur car rien n'est implicite en lui. Ce qui est latent se forme dans l'ordre implicite, puis s'exprime dans l'ordre explicite. Ce qui est fragmenté et séparé par de grandes distances dans l'ordre explicite est intimement lié dans l'ordre implicite. Par exemple, un électron sur Terre et une particule alpha sur l'une des étoiles de la galaxie Abell 1835 – la galaxie la plus lointaine de la Terre que connaissent les hommes – peuvent n'être qu'une manifestation d'un seul objet dans l'ordre implicite. Le fait qu'il s'agisse d'un seul objet et non de deux, malgré des manifestations apparemment différentes, justifie l'existence d'un lien non local, qui justement ne sous-tend pas un mouvement, mais juste une espèce de « résonance » entre les deux particules.

Bohm associe l'idée d'un ordre implicite, celui qui pilote la réalité, à l'image d'un hologramme, car cette analogie représente à la perfection le concept de totalité non fragmentée. Il suggère que chaque région de l'espace et du temps contient en soi l'ordre total de l'univers qui comprend le passé, le présent et le futur. Bohm imagine ainsi que chaque chose est contenue dans toute autre chose et parvient à l'idée de l'ordre implicite. Le terme « implicite » dérive du latin *implicitus* « enveloppé », l'une des formes du participe passé de *implicare* « plier dans, entortiller, emmêler ». La réalité implicite signifie que chacune de ses parties rappelle toutes les autres. Chaque fragment de la réalité contient des informations sur chacun des autres fragments, de telle sorte qu'on pourrait dire que chaque région d'espace et de temps contient la structure de l'univers en son sein. Dans ce contexte, le mouvement holographique est le mouvement qui rend l'ordre implicite actif. Le mouvement généré par le mouvement holographique dans chaque région délivre des informations sur chaque autre partie de la réalité. Il est alors possible de faire un parallèle avec l'hologramme. Dans l'hologramme, le mouvement de la lumière de chaque segment d'espace délivre des informations sur l'ensemble de l'objet éclairé.

Par rapport au concept de mouvement holographique, Bohm disait :

L'ordre implicite a été relevé dans le mouvement complexe des champs électromagnétiques, dans la forme d'ondes de lumière. Un tel mouvement d'ondes lumineuses est présent n'importe où et renferme en principe l'univers spatio-temporel tout entier dans chaque région. Ce processus de fermeture et d'ouverture a lieu non seulement dans le mouvement du champ électromagnétique, mais aussi dans d'autres champs (électroniques, protoniques, etc.). Ces champs obéissent à des lois quanto-mécaniques qui sous-tendent les propriétés de discontinuité et de non-localisation. La totalité du mouvement de fermeture et d'ouverture peut aller bien au-delà de ce qui a été révélé au cours de nos observations. Nous appelons cette totalité «mouvement holographique».

Bohm est convaincu que l'ordre implicite doit nécessairement s'étendre à une réalité multidimensionnelle, de manière à ce que le mouvement holographique se ferme et s'ouvre dans une dimensionnalité infinie. Au sein de cet environnement, il existe des subtotalités indépendantes, exactement comme les éléments physiques et les entités humaines, dotés d'une autonomie relative. Les couches de l'ordre implicite peuvent descendre à des niveaux de plus en plus profonds jusqu'à un dernier niveau impénétrable. Bohm attribue à ce niveau les caractéristiques d'une intelligence sublime ou cosmique qu'il appelle « apex cosmique » qui ne se réalise qu'en partie dans les niveaux sous-jacents de la réalité. Cet esprit cosmique agit en s'expérimentant sans cesse de façon créative et il utilise le monde figé de l'ordre explicite pour prendre conscience de son existence en tant que conscience universelle. Dans le même temps, les consciences apparemment fragmentées qui vivent dans la dimension de l'ordre explicite restituent à la dimension de l'ordre implicite l'essence de ce qu'ils ont expérimentée dans leur règne apparemment limité. À ce propos, Bohm affirme :

La conscience peut être décrite comme une série de moments. Un moment donne naissance à un moment successif, dans une dynamique telle que ce qui était implicite devient explicite tandis que ce qui était explicite devient implicite. La conscience n'est rien d'autre qu'un échange, c'est un processus de feedback dont le résultat est la compréhension de plus en plus profonde de la réalité.

Bohm considère l'individu comme une caractéristique intrinsèque de l'univers qui serait incomplète si la personne n'existait pas. Il pense que les individus participent à un tout et donne par conséquent un sens à ce tout. De cette façon, en raison de la participation humaine et de n'importe quel autre être conscient dans l'univers, l'ordre implicite parvient à mieux se connaître. La nature humaine elle-même est un exemple d'aspect implicite et d'aspect explicite qui s'interpénètrent. Par exemple, dans les processus qui génèrent la pensée, un type d'« information active » – c'est-à-dire un aspect du mouvement holographique –, à la fois physique et mental, a lieu. Cette information active sert donc de pont entre les deux côtés de la réalité qui forment un tout. Ces deux côtés sont inséparables, dans le sens où l'information contenue dans la pensée, qui nous semble être du côté « mental », est dans le même temps liée à l'activité neurophysiologique, chimique et physique de notre cerveau, des aspects qui constituent le côté matériel de cette pensée.

Le potentiel quantique que Bohm avait examiné attentivement dans sa réinterprétation de la théorie quantique correspond donc à l'ordre implicite et au mouvement holographique qui se forme à partir de lui, mais cette fois-ci le potentiel quantique plutôt qu'être traité comme un nouveau terme indispensable de la physique est mis en contexte dans une vaste cosmologie, une cosmologie hiérarchique où tout est gouverné par un ordre implicite, en mesure de guider la manifestation explicite de l'univers comme nous l'expérimentons au quotidien. À la question d'un journaliste qui voulait savoir ce qu'était exactement le mouvement holographique et où et comment il se réalisait, Bohm cita le big-bang et le champ du point zéro en ces termes :

Le mouvement holographique peut avoir lieu en dehors du temps comme nous l'entendons habituellement. Si l'univers commença avec le big-bang et s'il existe des trous noirs, alors nous devons finalement nous aventurer dans des lieux où les notions de temps et d'espace cessent d'exister. Ici tout peut arriver. Comme plusieurs cosmologues le disent, si un trou noir apparaissait avec le mot « Coca-cola » qui clignote, cela ne serait pas surprenant. Au sein de l'étrangeté, aucune des lois que nous connaissons ne s'appliquerait. Il n'y a pas de particules, elles sont toutes désintégrées. Il n'y a ni espace, ni temps. Quelle que soit la chose dont on parle, elle va au-delà de tout concept dont nous disposons pour l'instant. La phénoménologie présente ici sous-tend que toute la base conceptuelle de la physique doit être considérée comme complètement inadaptée. La grande unification des quatre forces de l'univers ne pourrait être rien de plus qu'une abstraction devant quelque chose qui va au-delà et qui est complètement inconnue… Je propose quelque chose de semblable à cela : imaginez un océan d'énergie infini qui remplit l'espace vide, avec des vagues qui bougent et qui, à l'occasion, se rapprochent en produisant une intense impulsion d'énergie. Disons qu'une impulsion particulière se concentre et se diffuse, en créant notre univers avec l'espace, le temps et la matière. Mais il pourrait y avoir d'autres d'impulsions de la sorte. À nos yeux, cette impulsion d'énergie ressemble à un big-bang. Dans un contexte plus grand, ce n'est qu'une petite ride. Chaque chose émerge du mouvement holographique par un processus d'ouverture, avant de s'enrouler à nouveau dans l'ordre implicite. Je définis le processus d'enroulement sur soi comme « impliquant » et le processus d'ouverture comme « manifestant ». L'implicite et l'explicite sont une totalité indivisible dans un flux continu. Chaque partie de l'univers est liée à toutes les autres, mais à différents degrés.

Mais Bohm ne s'arrête pas au potentiel quantique et à l'ordre implicite qui le déclenche dès lors que le potentiel quantique, dans le cadre d'un vaste modèle cosmologique, est conçu comme une entité elle-même organisée et guidée par un « potentiel super-quantique », qui représente un deuxième ordre implicite, autrement appelé « ordre super-implicite ». À ce stade, Bohm suppose l'existence de séries infinies, peut-être de véritables hiérarchies ou des ordres implicites aux caractéristiques génératrices. Les ordres implicites d'un niveau plus élevé organisent et guident les ordres d'un niveau plus bas, lesquels à leur tour influencent les ordres d'un niveau plus élevé dans un cycle sans fin et sans début. Cette vision représente une espèce de cosmos vivant, conscient, voire aux caractéristiques intelligentes à l'intérieur d'un immense organisme éternel. Dans le cadre de cet organisme démesuré, Bohm considérait que la conscience et la vie étaient elles-même comprises dans cet ordre générateur et qu'elles étaient donc présentes à différents degrés de manifestation dans toute la matière existante, y compris la matière inanimée comme les électrons et les plasmas. Dans ce contexte, Bohm suggère qu'il peut exister une espèce de « proto-intelligence » dans la matière, afin que n'importe quel nouveau développement évolutif né d'un mouvement holographique n'émerge pas par hasard, mais de façon « créative » comme un ensemble intégré né de niveaux implicites de réalité. La matrice réelle de la réalité repose donc dans un ordre caché qui se transforme sans cesse et qui produit constamment une réalité tangible qui naît du vide et reste figée pendant un certain temps avant de disparaître. À ce propos, Bohm affirmait en 1969 :

Il n'existe pas d'objets de base, des entités ou des substances, mais (...) tout ce qui entre dans l'existence et que nous pouvons observer (...) reste relativement stable pendant un certain temps, puis sort de l'existence.

Les idées de Bohm sur l'ordre implicite ont une connotation très mystique : il n'est en effet pas difficile de trouver dans l'ordre implicite les notions d'esprit, de conscience et d'idéalisme. C'est un peu comme le « monde des idées » de Platon qui gouverne à travers des mécanismes cachés, mais harmonieux, la réalité que nous expérimentons tous chaque jour. Dès lors que l'ordre implicite et l'ordre explicite ne sont que les deux côtés d'une même médaille, alors la matière, en tant qu'ordre explicite, ne peut être séparée de l'esprit en tant qu'ordre implicite. Il existe quelque part un modèle physique unificateur qui assemble ces deux réalités, et Bohm le chercha pendant toute sa vie, en comprenant et en fixant bien ses concepts, mais sans les formaliser dans un cadre mathématique substantiel, comme ce doit être le cas en physique. David Bohm était tellement occupé à comprendre les problèmes et toutes leurs nuances qu'il préféra commencer par bien comprendre les concepts avant de passer plus ou moins rapidement à la solution des problèmes qui se cachaient derrière.

4.2. L'ORDRE EXPLICITE N'EST QU'UNE ILLUSION

L'aspect le plus stupéfiant et illuminant de sa théorie sur l'ordre implicite, c'est que l'ordre explicite, l'ordre manifeste de notre réalité, que nous expérimentons comme l'interaction d'éléments fragmentés et séparés, n'est qu'une illusion ou une fausse interprétation due à notre incapacité d'observer notre pensée comme une entité étroitement liée avec la conscience universelle inhérente à l'ordre implicite. Fragmentation, séparation, espace et temps ne sont qu'une illusion née de notre perception limitée de la réalité. En voulant reporter l'une des métaphores utilisées par Bohm pour expliquer ses concepts, le côté illusoire de la fragmentation de la réalité est comparable aux deux pôles d'un aimant. Si nous divisons un aimant en deux ou plusieurs parties, nous ne séparerons jamais le pôle nord du pôle sud, ils seront toujours présents même si les dimensions des aimants fragmentés sont très petites : ils n'en restent pas moins des aimants. Les deux polarités, dans ce contexte, pourraient représenter le monde explicite et le monde implicite, voire l'esprit et la matière intimement liées par un unique champ qui, ramené à la physique de Bohm, n'est autre que le potentiel quantique, cette entité éternelle, dynamique et unifiante qui rassemble les fondements du monde et le fait vivre et penser sur soi. Le morcellement en de nombreux éléments séparés, c'est un peu comme observer plusieurs pointes d'un seul iceberg apparemment éloignées les unes des autres, qui sont en réalité liées à une seule partie submergée, celle qui guide le déplacement dans l'océan des cimes émergées. Du moment où la partie submergée représente non seulement un guide, mais aussi une conscience, la relation qui a lieu entre les éléments fragmentés de notre réalité explicite ne se manifeste pas à travers une froide « interaction » – comme on le conçoit en physique classique – mais comme une « participation » de tous les éléments apparemment séparés qui sont à l'intérieur du tout. Et c'est un processus dynamique et non statique, du moment où l'action de l'ordre implicite se manifeste comme un véritable mouvement que Bohm définit justement « holographique ».

4.3. DE SIMPLES MÉTAPHORES POUR EXPLIQUER DES CONCEPTS INFINIS

Ce modèle de Bohm, c'est-à-dire celui qui décrit un tout organique gouverné par un ordre implicite auquel est asservi le potentiel quantique, est défini comme un « modèle holographique » de la réalité justement parce que le mécanisme même de l'holographie le représente fidèlement comme métaphore. Quand un hologramme – une forme de lumière résultant de l'interaction, ou figure d'interférence, de deux portions d'un faisceau de lumière laser – est impressionné sur une pellicule photographique, nous pouvons couper cette pellicule en deux sans jamais perdre une seule moitié d'image ; l'image reste au contraire complète même si avec une certaine perte de résolution. L'image originale persiste même si nous coupons les deux moitiés de la pellicule en de petits morceaux encore plus menus. Par conséquent, chaque morceau de la pellicule contient en soi tout l'espace de l'objet : cela n'est autre qu'une analogie de l'ordre implicite. Lorsque nous reconstruisons en revanche l'image, nous ne faisons rien d'autre que d'entrouvrir l'ordre implicite dans un ordre explicite, c'est-à-dire que nous avons rendu manifeste une loi dans la réalité de tous les jours. En bref, la pellicule photographique est celle qui contient l'ordre implicite, tandis que l'hologramme représente l'ordre explicite, c'est-à-dire l'explicitation dans notre réalité d'un ordre caché où chaque partie renferme en soi et dans toutes les formes l'ordre total. Dans ce contexte, le mouvement holographique consiste à envoyer la lumière laser sur la plaque photographique ; c'est cela qui rend la réalité holographique dynamique.

Pour citer une métaphore plus complète qui décrit comparativement les deux ordres de réalité conçus par Bohm, l'ordre explicite n'est autre qu'une photographie conventionnelle de la réalité, avec une nette correspondance entre l'objet et son image, tandis que l'ordre implicite n'est autre qu'une holographie dans le sens où même lorsqu'une petite portion de la pellicule photographique est cassée, à la différence de la photographie normale, elle contient des informations complètes de toute la scène.

De la même façon où en cassant la plaque photographique en différentes parties, nous ne fragmentons pas l'hologramme en de nombreux morceaux, mais nous saisissons simplement le tout dans chacune de ses parties, les particules élémentaires comme l'électron sont en mesure de rester en contact les unes avec les autres indépendamment de la distance qui les sépare. Dans ce contexte, leur séparation, en des objets apparemment fragmentés, n'est qu'une illusion. Bohm considère qu'à un certain niveau profond de la réalité, ces particules ne sont pas des entités individuelles fragmentées, mais ne sont que des extensions d'une même totalité fondamentale.

C'est ainsi qu'il explique les événements non locaux de la mécanique quantique, non pas avec de mystérieux signaux qui vont à une vitesse super-luminale ou instantanée et avec lesquels les particules communiquent entre elles, mais par le fait que les particules n'ont en réalité jamais bougé et qu'elles ne se sont jamais fragmentées, mais renferment une réalité unitaire en dehors du temps et de l'espace.

Une autre analogie importante que David Bohm utilisa pour mieux visualiser l'interaction entre la réalité implicite et la réalité explicite, notamment les événements non locaux et leur dynamique, est celle de l'aquarium avec un poisson dedans. On imagine que quelqu'un n'est pas capable de regarder l'aquarium directement et que l'information sur ce qu'il contient est fournie par deux caméras, une placée directement devant l'aquarium et l'autre sur le côté (c'est-à-dire à 90° par rapport à la première). Lorsqu'on regarde sur deux écrans de contrôle ce qu'observent respectivement les deux caméras, on pourrait penser que les poissons qui apparaissent sur chacun des deux écrans sont deux entités différentes : en effet, étant donné que le poisson est observé sous deux angles distincts – c'est-à-dire de côté et de face –, les images seront nécessairement différentes. Et pourtant, si l'on continue à regarder les deux poissons, on se rendra compte à un certain moment qu'il existe une certaine relation entre eux. En effet, lorsque l'un des deux bouge, l'autre aussi effectue simultanément un mouvement, même si les formes respectives sont différentes : chaque fois que l'un est vu de face, l'autre est vu de côté et cette dynamique, où les figures de face et de côté s'échangent à l'infini, est active chaque fois que le poisson bouge. Si quelqu'un était inconscient de la situation réelle – c'est-à-dire que les deux poissons sont en réalité le même poisson vu sous des angles différents –, il pourrait conclure qu'un poisson est en train de communiquer instantanément avec l'autre. Mais cela n'est

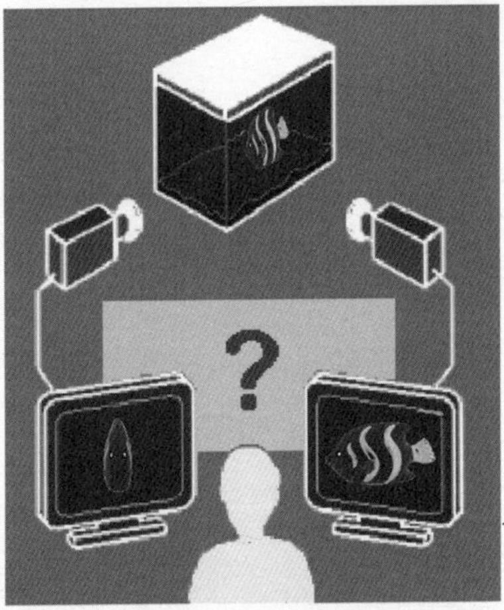

Métaphore du poisson dans l'aquarium.

pas vraiment le cas, du moment où les deux poissons qui bougent sont en réalité le même, évidemment non séparé de soi.

De plus, il faut rappeler une autre importante analogie utilisée par Bohm pour montrer le concept de mouvement holographique qui en partant de l'ordre implicite génère une « information active » vers l'ordre explicite. Imaginons une boîte cylindrique avec, à l'intérieur, un cylindre concentrique plus petit, mais de la même hauteur, en mesure de rouler dans la boîte tandis que cette dernière reste immobile. Remplissons à présent le volume annulaire entre les deux cylindres d'un liquide visqueux comme la glycérine, afin que la diffusion soit négligeable. À présent, faisons tomber une goutte d'encre dans ce fluide, puis secouons légèrement le cylindre à l'intérieur : ce qui était une goutte presque ponctiforme s'étirera jusqu'à devenir quasiment filiforme ; de plus en plus mince et de moins en moins visible, elle finira par disparaître complètement. Nous serions alors tentés de conclure que la goutte d'encre s'est mélangée à la glycérine de telle façon que son ordre intrinsèque a été brisé pour créer une forme chaotique et aléatoire. Et pourtant, si on fait légèrement rouler le cylindre interne dans la direction opposée, une ligne d'encre très mince commencera à apparaître, puis en parcourant à nouveau à reculons les étapes franchies auparavant, la goutte d'encre finira par réapparaître sous sa forme originale, bien définie. La leçon que l'on peut tirer de cette puissante analogie, c'est qu'il existe un ordre caché même dans ce qui ne semble être que le chaos. En effet, lorsque la forme de la goutte d'encre disparaît, son ordre n'est pas détruit, mais est au contraire enfermé à l'intérieur de la glycérine. Il est alors possible de deviner très clairement que la goutte cachée à l'intérieur de la glycérine (après le mouvement du cylindre) représente l'ordre implicite, tandis que la goutte bien visible qui se déploie comme par magie à chaque rotation dans les deux sens n'est autre que l'ordre explicite, c'est-à-dire la réalité dans laquelle nous vivons. Dans ce contexte, il est alors évident que le mouvement qui conduit la goutte à disparaître à l'intérieur de la glycérine est justement le mouvement holographique, c'est-à-dire cette dynamique qui unit et donne vie à la double réalité de l'univers aussi bien implicite qu'explicite. La goutte d'encre peut aussi rappeler le comportement d'une particule élémentaire (comme un électron) selon le modèle de Bohm, qui s'effondre et qui augmente, celui qui porte un électron, par exemple, à se comporter aussi bien comme une particule (effondrement) que comme une onde (expansion).

Dans la dernière partie de sa vie, les idées de Bohm se nourrirent l'une l'autre : esprit et matière, ordre implicite, interpréta-

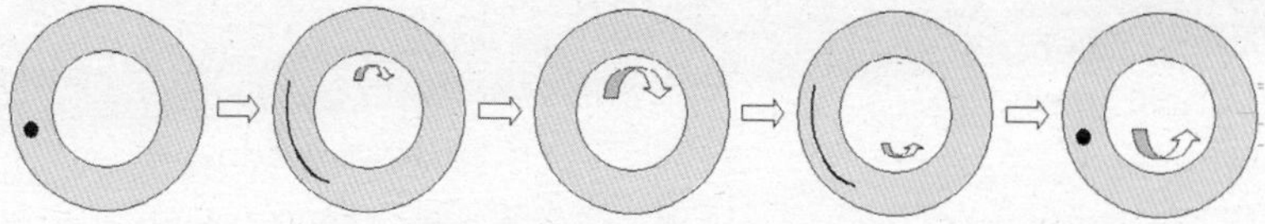

Métaphore du cylindre qui tourne avec, à l'intérieur, la glycérine et une goutte d'encre.

tion causale et algèbre du préespace. Il parvint à la fin à concevoir un « ordre super-implicite ». Un ordre insondable et qui ne peut se transformer en explicite. Dans sa théorie, en effet, il se rendit compte que l'ordre super-implicite était nécessaire pour témoigner de ce qui se passe dans le monde explicite, dès lors que le théâtre du monde explicite ne porte aucune information au super-implicite. Dans le même temps, le super-implicite agit sur l'implicite. À ce propos, il faut encore rappeler une importante analogie proposée par Bohm, celle du jeu vidéo, qui montre non seulement l'interaction entre le monde implicite et le monde explicite, mais aussi la possibilité d'un « champ super-quantique » généré par un ordre super-impliqué qui gouverne toutes les couches sous-jacentes de la réalité. Imaginons que nous tirons sur des vaisseaux spatiaux dans un jeu vidéo. Les engins n'ont pas de dimension matérielle, ce sont seulement des formes de lumière en mouvement sur l'écran d'un téléviseur. L'effet sur l'écran est une manifestation du programme (caché) qui est dans l'ordinateur qui anime le jeu. Les vaisseaux spatiaux sont une analogie avec l'ordre explicite : ce sont les apparences qui subsistent à un programme sous-jacent qui est justement l'ordre implicite. Et celui qui joue ne répond qu'aux apparences manifestes. Il effectue des actions basées sur la perception de l'ordre explicite et, après avoir appuyé sur des boutons, ces derniers influencent le programme (ordre implicite) qui est à la base du jeu. Évidement, l'opérateur humain qui actionne le tout joue le rôle de l'ordre super-implicite. Voilà pourquoi l'ordre super-implicite est nécessaire dans un exposé complet sur la théorie de Bohm.

Dans un univers holographique et non local, même le temps et l'espace ne peuvent plus être compris comme réels. Car des concepts comme la « localisation » disparaissent dans un univers où rien n'est réellement séparé des autres choses. Le temps et l'espace tridimensionnel, tout comme les images du poisson sur les deux écrans séparés, devraient être considérés comme de simples projections d'un ordre plus profond qui unit les parties apparemment fragmentées d'un tout. À des niveaux plus profonds, même s'il est ici difficile de trouver des analogies et des métaphores en mesure de visualiser ce concept, la réalité devient même un « super hologramme » où passé, présent et futur existent simultanément. Le jour où la technologie humaine et une connaissance complète des pouvoirs de l'esprit se seront suffisamment développées, il sera peut-être possible de pénétrer « en observateur » le niveau super-holographique profond de la réalité et de saisir des scènes d'un passé oublié ou d'un futur encore à venir. Passé, présent et futur cohabitent dans un seul tout qui communique avec soi-même de façon instantanée. L'univers, au niveau le plus profond, ne contient ni espace ni temps, mais n'est que conscience, tandis que tout le reste, la fragmentation de la réalité, la distance entre les objets, le temps qui s'écoule ne sont que des illusions que nous percevons dans la réalité manifeste. Ce n'est qu'en connaissant le processus du mouvement holographique, à travers lequel on établit une relation et une dynamique entre le monde implicite (caché) et le monde explicite (manifeste), que nous pouvons fournir une clef de lecture de la réalité dans laquelle nous vivons.

4.4. À LA RECHERCHE DES BONNES MATHÉMATIQUES POUR DÉCRIRE LE GRAND DESSEIN COSMIQUE

David Bohm, comme nous l'avons dit, à la différence des aspects (parfois exotiques) traités précédemment par sa mécanique quantique, ne parvint jamais à représenter le concept de mouvement holographique dans un schéma mathématique ou dans ce qui aurait dû être un « modèle unificateur » de la physique. Comment parvenir à représenter mathématiquement une réalité avec une nette connotation métaphysique et aux caractéristiques hyper-dimensionnelles, et comment la rattacher aux actuels modèles mathématiques qui ne décrivent qu'une réalité fragmentée qui interagit froidement avec elle-même ? Avec l'aide de Basil Hiley, qui avait des capacités mathématiques bien supérieures aux siennes, Bohm s'y essaya en enquêtant sur les propriétés des espaces topologiques. Il s'aperçut en effet que l'ordre cartésien (valable pour la physique de Newton et pour la physique relativiste), c'est-à-dire le système de coordonnées qui est normalement utilisé par les physiciens pour représenter l'action des objets dans la réalité, était ontologiquement incompatible avec les nouveaux concepts de la mécanique quantique, en particulier ceux qu'il avait lui-même forgés pour parvenir au concept de mouvement holographique. Dans la perspective classique, les concepts d'espace et de temps sont les seuls dans les limites desquels il est possible de décrire des conditions expérimentales, mais dans une perspective non classique, ils ne valent plus rien. Il fallait alors un nouveau domaine où pouvoir représenter certains concepts si exotiques, dans l'espoir de mettre au point un modèle mathématique. Bohm proposa pour cette raison d'utiliser les espaces topologiques qui avec leurs notions de « au milieu de », « dans », « en dehors de » et « près de » étaient les plus adaptés aux concepts qu'il voulait expliciter mathématiquement. En effet, Bohm s'aperçut que la topologie algébrique, qui traite de relations pures et non de positions cartésiennes spatio-temporelles, se rapprochait justement de ses exigences. En effet, le grand rêve de Bohm était de décrire le monde quantique à l'aide d'un langage mathématique entièrement nouveau. Bohm voulait créer une algèbre statique, mais une algèbre du devenir, pour décrire le préespace. Et ici, la conscience et la physique se rencontrent, dans le sens où esprit et matière sont conçus comme des entités indivisibles. Quand il était en Israël, il avait déjà commencé à s'intéresser à cette technique mathématique

que représentent les « transformations canoniques », des procédures qu'il entendait employer ou du moins tester pour décrire le comportement d'un système de particules. En effet, la propriété d'une transformation mathématique change la forme, mais pas le sens. Il s'agit de transformations d'une « langue » à une autre sans changer le sens (c'est l'invariance de l'hamiltonien). Elles lui servaient pour décrire le rapport entre le monde quantique et le monde réel, où l'un est contenu dans l'autre.

Avec l'aide de son fidèle collègue Hiley, il tenta de mathématiser sa théorie pendant tout le reste de sa vie, mais sans y parvenir si ce n'est peut-être dans les derniers instants de sa vie, lorsqu'un jour, quelques heures avant de mourir d'un infarctus dans le taxi qui le ramenait chez lui, il avait communiqué par téléphone à sa femme qu'il avait eu une soudaine illumination. Son rêve, et celui de Hiley, le physicien et mathématicien par excellence, était d'abandonner complètement le concept cartésien de continuité d'un point dans l'espace, en faveur des relations topologiques, indubitablement plus appropriées au monde quantique qu'à des points dimensionnels. Il rêvait de créer un modèle mathématique permettant d'exprimer l'interaction changeante de « type participatif » entre ordre implicite et ordre explicite dans une algèbre des relations à l'intérieur d'une topologie sans nombre, mais avec de simples symboles. Ce que Bohm et Hiley voulaient décrire était le « préespace », ce règne où réside le tout, ainsi que la conscience du tout, et en effet la topologie algébrique, notamment cette technique particulière dénommée « cohomologie », devait justement décrire une série de relations préspatiales. Ce travail avec Hiley devait représenter le couronnement de toutes les réflexions les plus profondes de Bohm, qui au cours des dernières années, s'étaient développées aussi bien sous forme logique que métaphysique, mais non mathématique.

Mais le modèle de Bohm, pour pouvoir être pris en considération par ses collègues physiciens, devait prendre les traits d'une théorie mathématique, comme la relativité ou la mécanique quantique, que Bohm dans les premiers temps (du moins jusqu'à la définition de potentiel quantique dans l'équation de Schrödinger) avait déjà traité de manière élégamment mathématique. Le travail avec Hiley sur les espaces topologiques était sans aucun doute bien parti. Mais inévitablement, étant donné qu'il s'agissait de construire un modèle unificateur en mesure d'assembler aussi bien le micro que le macromonde, il était nécessaire, voire absolument indispensable, de trouver la façon d'unir la mécanique quantique et la relativité (théorie que Bohm connaissait bien tant pour en avoir longuement discuté avec Einstein que pour avoir lui-même écrit un manuel sur le sujet). En effet, dans cette tentative d'unification des deux plus grandes théories de la physique, sous l'auréole des techniques hyper-uraniques de la topologie, émergèrent au fil du temps des difficultés techniques tellement insurmontables – en particulier lorsqu'il s'agissait de quantiser la gravité dans la relativité générale – que cet objectif tellement attendu ne fut pas atteint et que le travail resta inachevé, bien que différents problèmes aient été résolus, y compris ceux inhérents à la relativité restreinte qui semblait se prêter plutôt bien à une étude avec les techniques de la cohomologie.

Cependant, à l'époque où Bohm travailla avec son assistant Chris Philippidis, grâce aux capacités informatiques de ce jeune physicien, il parvint du moins à visualiser avec un modèle d'ordinateur la façon dont opère le potentiel quantique pour déterminer la trajectoire de l'électron. Le potentiel quantique apparaissait comme un paysage où les électrons couraient le long de vallées et de canaux. Mais il ne s'agissait que d'une microreprésentation afin de visualiser une situation que l'esprit avait du mal à concevoir, si ce n'est par des analogies et des métaphores. Il manquait encore un modèle quantitatif sur le tableau d'ensemble conduisant du potentiel quantique au mouvement holographique. Et ce tableau fait toujours défaut.

CHAPITRE 5

À la recherche de la matrice de la pensée

5.1. PENSER, C'EST OBSERVER ; L'ESPRIT EST LA MATIÈRE

Parallèlement à ses recherches sur une technique mathématique valable, en mesure de décrire ses concepts sur l'ordre implicite et le mouvement holographique, Bohm se rendit compte qu'en plus des méthodes mathématiques, il était important de trouver le bon langage pour communiquer, étant donné que du langage et du dialogue pouvait émerger la vraie réalité des concepts. Ces derniers, s'ils sont bien conçus et définis à l'aide du langage et du dialogue, dans un contexte de pensée sain qui génère un consensus détaché, sont distants de la virtuosité stérile et souvent inopportune des techniques mathématiques lorsque ces dernières sont appliquées comme une fin en soi – c'est-à-dire sans avoir bien compris les problèmes en amont. Ces mêmes concepts permettent aussi de fournir les bases et les conditions appropriées pour développer les bonnes formules mathématiques en mesure de résoudre les problèmes relatifs à des concepts bien précis. Lorsque la pensée qui se trouve derrière un concept est bien conçue et qu'elle s'articule en dehors de l'ego et de la compétition d'idées, la parole et l'objet deviennent étroitement symbiotiques. Les paroles influencent les pensées et les émotions : ces dernières sont des choses réelles dans le monde et peuvent, pensait Bohm, produire des changements dans les fonctions et dans les processus électrochimiques qui ont lieu dans le cerveau.

Il parvint à ces conclusions sur la nécessité de perfectionner le processus de la pensée, en écoutant aussi attentivement les discussions entre Bohr (principal partisan de la théorie quantique classique) et Einstein (principal partisan de la théorie de la relativité) et en prenant acte du caractère inconciliable de leurs deux théories respectives qui, justement parce que ces discussions jouaient sur la compétition de deux ego, conduisaient à une fragmentation de la pensée en éloignant ainsi de la vérité.

Bohm se rendit compte que plus que les mathématiques, il était important de trouver le bon langage pour communiquer. Ce fut ainsi que dans son esprit commença à percer l'idée que la structure intime de la réalité ne pouvait être atteinte que par le « dialogue », en entendant par là cette circonstance où les interlocuteurs ne parviennent à se rencontrer autour d'une pensée commune que lorsqu'ils se libèrent de l'instinct de vouloir défendre à tout prix les élans de leur ego. Ce n'est qu'ainsi qu'il est possible d'ouvrir la structure intime de la pensée et avec elle celle de la réalité, justement parce que pensée et réalité sont intimement liées, tout comme sont unis l'ordre implicite et l'ordre explicite. Pour comprendre la réalité, il est nécessaire de comprendre la réalité cachée qui en constitue la structure de pensée. Et la pensée, lorsqu'elle n'est pas la manifestation mécaniste de la seule logique et quand elle ne jaillit pas de l'ego, mais d'une opinion partagée, est une ramification de l'ordre implicite. Sur la valeur du dialogue, Bohm dit :

Une différence clef entre le dialogue et une discussion ordinaire, c'est que dans la seconde, les personnes maintiennent d'habitude des positions relativement rigides et argumentent en faveur de leurs visions du moment en tentant de convaincre les autres à changer. Cette attitude peut, au maximum, produire un accord ou un compromis, mais ne favorise pas l'émergence de la créativité... Ce qui est ici essentiel, c'est la présence de l'esprit du dialogue, lequel en bref représente la capacité à suspendre de nombreux points de vue, dans l'intérêt premier d'atteindre la création d'un sens commun.

C'est justement pour cette raison que Bohm parvint, en faisant un parallèle avec le fait que l'observateur et l'observé se fondent en une seule entité en mécanique quantique, à comprendre que du moment où la nature quantique de la réalité concerne aussi bien l'esprit que la matière, l'acte d'observer coïncide avec l'acte de penser. Mais afin que l'acte de penser soit effectué correctement, il est nécessaire de faire en sorte que le penseur se fonde avec la pensée. Ce qui n'est possible que si le penseur est en mesure de contrôler ses processus cérébraux en éliminant les pollutions générées par l'ego. Le grand problème reste cependant de parvenir à se rendre compte que la pensée et le penseur sont la même chose, car à un certain moment, le penseur reflète tout sur son ego et ne parvient pas à voir sa pensée du dehors tel qu'on devrait le faire, par exemple, avec le temps atmosphérique. Malheureusement, le cerveau n'a pas de nerfs qui enregistrent son propre processus de pensée. Et là, Bohm utilisa l'analogie de la proprioception grâce à laquelle nous parvenons, même les yeux fermés, à percevoir, par exemple, où sont situés nos membres dans l'espace. Mais il n'existe malheureusement aucun organe dans notre corps en mesure de nous dire exactement de quelle façon nous pensons. C'est-à-dire qu'il manque une proprioception analogue pour la pensée. De quelle manière alors la pensée peut-elle avoir la perception d'elle-même ?

5.2. LE DIALOGUE COMME ACTE PURIFICATEUR DE LA PENSÉE

Ce niveau de contrôle ne peut être atteint qu'à travers le dialogue qui permet, dans un contexte collectif et partagé, de trouver des points communs avec une très grande objectivité. Ces points communs représentent la seule clé de lecture mentale de la réalité, et dans ce contexte le dialogue représente une espèce d'acte purificateur ou de catharsis qui, en unissant les êtres humains, peut les pousser à comprendre des problèmes irrésolus concernant la science et eux-mêmes, à décider avec une extrême clarté comment et où effectuer l'enquête mathématique sur certains aspects de la réalité, à contenir les dégâts créés par l'ego chez l'individu et à créer, sur la base d'une pensée commune, une société du futur qui soit juste, équitable et respectueuse de l'environnement. Parallèlement au besoin de construire un modèle mathématique sur les aspects les plus avancés de la mécanique quantique non classique qu'il avait pressentis avec l'hypothèse de l'ordre implicite, le rêve de Bohm était de purifier la pensée de l'homme comme seul moyen pour atteindre la vraie connaissance, pour se libérer du poids de l'ego et des morcellements qu'il produit dans la société, et donc pour bâtir une société juste, parce qu'unie dans la connaissance du tout dans laquelle elle est immergée. Bohm dans les processus de pensée n'incluait pas seulement la logique, mais aussi l'intuition et les émotions, et il s'attendait à ce que ces qualités de l'esprit puissent s'harmoniser entre elles justement par la technique du dialogue. À ce propos, il affirma :

Ma suggestion est que le véritable mode d'opération de l'esprit exige à chaque niveau un contrôle total de ce qui est généralement connu, non seulement dans la logique formelle et en termes mathématiques, mais aussi intuitivement, dans les images, les sentiments, dans l'usage poétique du langage, et ainsi de suite. Nous pourrions peut-être dire que c'est ce qui crée l'harmonie entre le "cerveau gauche" et le "cerveau droit". Cette manière globale de penser n'est pas seulement une source importante de nouvelles idées théoriques : il est également nécessaire que l'esprit humain fonctionne dans son ensemble harmonieusement pour, peut-être, participer à l'émergence d'une société stable et ordonnée... Si je suis dans le vrai lorsque je dis que la pensée est la source ultime, il s'ensuit que si nous ne faisons rien en ce qui concerne la pensée, nous n'arriverons nulle part. Nous ne pouvons que momentanément soulager les problèmes de la population, de l'environnement, etc., mais ces problèmes reviendront d'une façon ou d'une autre.

D'après Bohm, la pensée – entendue comme processus dynamique – subsiste dans un moment actif, tandis que les pensées sont des formes fixes basées sur les réactions à des sensations passées. Il faut ralentir la pensée pour en permettre l'observation. Le dialogue a pour but de faire émerger des thèses et des positions communes pour pouvoir aller plus loin. L'un des rêves de Bohm était de faire participer les scientifiques à ces dialogues, afin de leur permettre d'arriver à des connaissances collectivement partagées et conscientes sur un même objet. La production du sens véritable des choses, c'est-à-dire partagé par le groupe, était d'après Bohm exprimée par la phrase « un changement du sens est un changement de l'être », ce qui exprime la dualité du subjectif et de l'objectif. La dualité doit être dépassée car c'est un piège de l'esprit et elle représente un blocage de la créativité.

C'est ainsi que s'ouvrit la période des Dialogues, à travers lesquels, à l'initiative de Bohm, on tenta de dépasser les limites de la pensée humaine en essayant de mettre fin aux problèmes qui naissent dans les débats normaux et qui font dégénérer la pensée en anéantissant la conscience collective. Les groupes de dialogue, techniquement parlant, se manifestaient d'une façon qui permette de ralentir le processus de la pensée afin de le montrer dans l'arène publique. Du moment où le processus de la pensée œuvre très rapidement, nous ne sommes pas en mesure de noter la dynamique qui s'instaure entre l'impulsion et la réponse. C'est pour cette raison qu'il faut modérer la pensée. Les dialogues de groupe de Bohm se basent sur ce principe. Ils exposent clairement les processus de la pensée de manière à ce qu'ils deviennent manifestes à tout le groupe, afin de pouvoir en corriger les déformations et de transformer le penseur en un penseur pur et imperturbable, non dissocié de la pensée, jusqu'à créer une pensée collective bien claire. D'ailleurs, le terme « dialogue » dérive du grec « dialogos », qui est l'association de deux mots qui fournissent un sens bien précis. Le terme « logos » signifie « parole », mais dans notre cas nous pourrions le comprendre comme « sens de la parole ». Le terme « dia » signifie « à travers ». Ainsi, le « dialogue » est compris par Bohm comme un « courant de paroles qui ont un sens » qui circule entre, avec et à travers nous. Cela permet alors de créer un flux de sens à l'intérieur d'un groupe afin qu'une nouvelle compréhension puisse émerger. Cette nouvelle compréhension doit à son tour conduire à un « sens partagé » à l'intérieur du groupe de dialogue, qui sert de colle ou de ciment pour préserver la cohésion du groupe. Le groupe doit donc être élargi à la société dans son ensemble.

Bohm mûrit l'idée que la pensée n'est ni spécifiquement subjective ni spécifiquement objective. Comme l'observateur et l'observé dans la théorie quantique, ou les pôles d'un aimant, les deux choses sont inséparables.

5.3. L'AMITIÉ AVEC KRISHNAMURTI : DE LA MÉDITATION À LA PENSÉE ÉLABORÉE

Sa rencontre avec le penseur indien Jiddu Krishnamurti, avec lequel il passa beaucoup de temps dès le début des années 60 jusqu'à la mort de ce dernier en 1986, le poussa sans aucun doute à étudier la nature de la pensée. Krishnamurti fournit à Bohm une méthode d'introspection qui l'aida aussi bien à étudier la nature de la pensée et de la conscience qu'à lui fournir de très précieuses occasions pour sa physique et métaphysique de l'ordre implicite. Ce fut ce même penseur indien qui le poussa à créer des groupes de dialogue pour permettre d'explorer la nature de la pensée, des groupes qui continuèrent jusqu'à la mort de Bohm et qui se poursuivent aujourd'hui encore. Durant la longue période passée avec Krishnamurti, Bohm se rapprocha nettement du mysticisme oriental et transforma la foi communiste de sa jeunesse en une aspiration à construire une société juste et égalitaire, unie non pas par l'échec du matérialisme dialectique d'inspiration soviétique, mais par une pensée commune et partagée, créée pour générer une conscience commune rapprochant l'homme et la société à la spiritualité la plus vraie.

Krishnamurti considérait que « la pensée est un mouvement dans le temps », celui qui pense reste donc pris au piège dans sa dimension psychologique de temps, incapable d'entrer dans l'actualité du « moment », parce que le penseur est séparé de la pensée. Une transformation de la pensée était alors nécessaire afin que le penseur et la pensée soient la même chose, et on peut y parvenir en « mourant à la pensée » afin de parvenir à ce silence total (cerveau éteint) en mesure d'activer le substrat implicite de la pensée et de la réalité qui interagit avec elle. Ceci était, pour Bohm, la même chose que la mécanique quantique : « observateur et observé sont la même chose. » Bohm et Krishnamurti partageaient l'idée que si

David Bohm et Krishnamurti en train de dialoguer.

les individus, à travers la méditation et le dialogue pour purifier la pensée, subissaient une mutation radicale à travers la bonne méditation, ils pouvaient subir une métamorphose drastique au niveau cérébral aussi. Krishnamurti sentait que les choses se passaient ainsi car il l'avait appris en méditant (activité dont il était aussi un maître), tandis que Bohm sentait la même chose car il la rattachait à toutes ses activités de pensée qui l'avaient conduit à concevoir, en partant des thèses les plus étranges de la mécanique quantique, un monde latent en interaction dynamique et participative constante avec le monde manifeste. En effet, si le cerveau pouvait vraiment subir des changements au niveau biochimique à la suite de l'activité de la « pensée claire » (qui n'est autre que le résultat de l'explication collective d'une méditation de groupe), cela signifiait que la pensée était un acte provenant du monde latent qui se reflétait directement sur cette manifestation qu'est la nature biochimique du cerveau. De cette façon, l'hypothèse de Bohm sur la structure de la réalité se confirmait.

David Bohm parlait ainsi au sujet de sa relation avec la pensée de Krishnamurti :

Mon premier contact avec l'œuvre de Krishnamurti a eu lieu en 1959, lorsque je lus son livre La première et dernière liberté. *Ce qui éveilla particulièrement mon intérêt fut sa profonde intuition au sujet de la question de l'observateur et de l'observé. Cette question était depuis longtemps au centre de mon travail, en tant que physicien principalement intéressé au sens de la théorie quantique… C'est là que j'ai fait la découverte extraordinaire de Krishnamurti. Ce qu'il proposait sérieusement, c'est que tout ce désordre, qui est à l'origine de tant de tristesse et de misère, et qui empêche aux êtres humains d'œuvrer ensemble correctement, trouve ses racines dans le fait que nous ignorons la nature générale de nos processus de pensée. Ou, pour l'exprimer différemment, on peut dire que nous ne voyons pas réellement ce qui se passe au moment où nous sommes occupés à penser. À travers une ferme attention et une observation de cette activité de pensée, Krishnamurti sent que ce qu'il perçoit directement dans cette pensée est un processus matériel, qui a lieu à l'intérieur de l'être humain dans le cerveau et dans le système nerveux comme un tout. D'habitude, nous sommes surtout conscients du contenu de cette pensée plutôt que de la façon dont elle a effectivement lieu. Comment une telle conscience peut-elle émerger ? Selon Krishnamurti, à travers ce que nous appelons méditation… Krishnamurti a observé que le véritable acte de la méditation, en soi, apporte de l'ordre à l'activité de la pensée sans l'intervention de la volonté, du choix, de la décision ou de toute autre action du « penseur ». Dès que cet ordre se fraie un chemin, le bruit et le chaos, qui sont le bruit de fond normal de notre conscience, disparaissent et l'esprit devient généralement silencieux… La pensée (logique) dans l'acception du terme la plus prosaïque n'émerge que lorsqu'on le demande pour quelque objectif valable et naturel, puis elle s'arrête, jusqu'à ce qu'on fasse à nouveau appel à elle… Savoir si ces pensées particulières sont importantes ou non nécessite l'action d'une énergie qui n'est pas mécanique, une énergie que nous appellerons intelligence.*

D'après ces profondes réflexions, Bohm met en relation harmonieuse et évolutive les concepts de pensée, d'intelligence, de conscience et de méditation. Il en ressort que la pensée en tant que telle est une opération purement mécanique qui fait usage de la logique pour se déployer. Si cette pensée se déploie ainsi, sans finalité, et si l'ego, ou la détermination à affirmer avec force et autorité une idée, est le seul rapport avec elle, alors cette pensée est stérile et ne conduit qu'au morcellement, non seulement entre les hommes, mais aussi entre les nations. Mais si la pensée, celle éminemment logico-mathématique, est utilisée comme moyen d'exprimer une intuition naturelle et cristalline, sans rapport aucun avec le besoin d'imposer son ego, alors la pensée devient intelligence. Et l'intelligence ne naît que comme un acte créatif et perceptif, un acte qui peut se déployer lorsque la conscience est entraînée à observer l'univers aussi bien de l'extérieur que de l'intérieur. Pour pouvoir arriver à ce résultat, c'est-à-dire pour construire une pensée épurée qui ne soit ni la pensée mécanique de la pure logique mathématique, comme fin en soi, ni la pensée mécaniquement et instinctivement asservie à l'ego, il faut apprendre à expérimenter la méditation. C'était la raison fondamentale pour laquelle Bohm était attiré par Krishnamurti, indépendamment des phrases que ce dernier prononçait et qui l'avaient frappé. Il fallait une technique de méditation pour s'observer, une technique de communication pour dialoguer de façon pure et créer, aussi bien au niveau individuel que collectif, les conditions optimales qui permettent d'accéder à l'intelligence au sens propre. Une intelligence, qui en rassemblant les caractéristiques de la conscience, de la pensée, de l'intuition et de la perception, peut rapprocher l'être humain de la nature la plus sublime qui est l'ordre implicite. L'acte d'*intelligere* devient alors un processus qui s'enclenche dans la réalité manifeste et qui, en extrayant des informations de la réalité latente – celle de la conscience au sens propre –, fournit un résultat. De cette façon, à travers l'intelligence, le « grand joueur » qui œuvre au sommet de toutes les couches de l'ordre implicite acquiert la conscience de soi. Si nous voulions concevoir l'existence d'un Dieu, nous pourrions alors considérer que ce dernier est porté à penser que ce qui survient dans le monde de sa création, c'est-à-dire dans l'ordre explicite, si justement élaboré et rendu cristallin, le pousse à acquérir pleine conscience de soi comme « personne supérieure ». C'est un merveilleux mécanisme de feedback. Les personnes, ces sub-totalités qui vivent dans l'ordre explicite, en parvenant à se libérer de l'ego, parviennent par conséquent à communiquer à l'unisson entre elles et donc à accéder à ce règne supérieur qu'est l'ordre implicite. Dans le même temps, Dieu, à travers l'union mentale qui a lieu entre des individus à l'origine séparés, se fait individu. La conscience devient alors un échange biunivoque, et en devenir, entre l'ordre explicite et l'ordre implicite.

Ce que Krishnamurti faisait avec la méditation, Bohm le transformait donc en une « pensée élaborée », dans l'intention d'amorcer une métamorphose complète et améliorée de l'humanité aussi bien au niveau individuel qu'au niveau collectif. Krishnamurti parlait exclusivement de la transformation de la conscience. Et le sujet fascinait Bohm, d'autant que Krishnamurti semblait vivre en personne ce que Bohm avait supposé dans sa théorie. Krishnamurti parla de « mourir sur le coup », de liberté humaine et de fin de la souffrance. La vraie raison des problèmes humains résidait dans la nette séparation entre le penseur et l'acte de penser. Krishnamurti disait que « le penseur est la pensée », tout comme « l'observateur est l'observé ». Rien de plus pertinent à la question fondamentale de la mécanique quantique. Bohm était totalement ouvert à la rencontre avec lui, justement parce qu'il le plaçait devant le grand problème de la « transcendance », qui était la plus grande énigme de sa vie. Il fut tellement absorbé par la relation spirituelle avec

Krishnamurti qu'il pensa même parfois abandonner la physique et ne suivre que ce dernier. Cela lui posa des problèmes avec ses collègues. En réalité, à la différence de ce que pensent certaines personnes, Bohm, tout en absorbant les enseignements de Krishnamurti, avait très bien su séparer ses activités philosophiques et mystiques de celles inhérentes à la physique qu'il s'apprêtait à construire avec une grande ténacité et de grands objectifs. L'un des rêves de Bohm était de parvenir à créer un institut de scientifiques et d'intellectuels se consacrant au raisonnement collectif et créatif, mais sans le frein de la compétitivité, un institut qui tire profit, notamment pour les activités scientifiques, des expériences qu'il avait fait sur les dialogues et le langage.

Krishnamurti lui offrait une occasion en or pour développer sa recherche qui, bien qu'apparaissant parfois métaphysique ou philosophique justement en raison de l'aspect holistique qui la caractérisait, était en fait finalisée à la construction pleinement scientifique d'un nouveau modèle décrivant correctement la réalité dans son ensemble. Cette transformation, et la science qui en dépendait donc aussi, n'était possible qu'en apprenant à penser de façon claire, en se libérant des pièges de l'ego et du morcellement qui en découlait dans l'acte de penser. Bohm commença à se rendre compte que l'acte d'observer une pensée en détail change la nature de cette pensée, et comme l'observateur et l'observé dans la théorie quantique, ainsi le penseur et la pensée ne peuvent jamais être séparés, mais doivent former une totalité.

5.4. LE BON LANGAGE POUR COMMUNIQUER CONDUIT À LA NAISSANCE DE LA NOOGÉNÈSE

Pour explorer des modèles de pensée se rapprochant le plus possible de l'idéal de la vraie connaissance, Bohm, accompagné du physicien David Peat, rencontra au cours de la dernière année de sa vie un groupe d'Amérindiens et fut profondément frappé par leur langue principalement structurée sur les verbes, qui dénotait une vision du monde basée sur le processus et la transformation.

C'était un langage assez proche de celui que Bohm voulait créer pour rendre ce dialogue collectif possible, en mesure de fouiller une pensée claire et non disjointe du penseur en personne. En effet, avec ses étudiants du Birbeck College, avec lesquels il dialoguait sans cesse afin de clarifier les révolutionnaires concepts de physique qui étaient en train d'émerger, il suggéra d'utiliser un langage constitué uniquement de verbes, un langage qu'il baptisa *rhéomode*, dans la tentative, probablement réussie seulement en partie, de rendre justice à la nature transcendantale de la réalité et de son intelligibilité en utilisant la forme correcte de pensée et la technique de communication correspondante.

Le processus qui conduit à la formulation d'une pensée collective claire à travers les bonnes techniques de communication et de langage est le processus qui conduit à purifier la conscience de l'humanité, une fois qu'elle a appris à faire partie intégrante d'un tout.

Pour atteindre un certain niveau de conscience, il est nécessaire d'accéder à un contenu d'information qui est exactement celui qu'on peut atteindre en se reliant à l'ordre implicite et en ayant l'impression de faire partie d'un mouvement holographique.

C'est cette conscience collective de l'humanité qui est le facteur réellement le plus significatif et motivant pour Bohm, car cette conscience est vraiment une et indivisible, et c'est la responsabilité de tout être humain d'apporter sa propre contribution à la construction d'une conscience réelle de l'humanité, celle que l'on peut dénommer « noosphère », c'est-à-dire une couche qui, comme les autres couches plus physiques telles que l'exosphère, la magnétosphère, l'atmosphère et la lithosphère, entoure la Terre d'une « strate de conscience ». En effet, Bohm affirmait à ce propos de façon lapidaire :

Il n'y a vraiment rien d'autre à faire, et rien d'autre de différent. C'est exactement ce qu'il faut absolument faire, et rien d'autre ne pourra fonctionner... Notre futur dépend de notre perception de cet unique tout : en faisons-nous partie ou sommes-nous en séparés ?

Bohm acquit donc l'intime conviction que le rôle de chaque individu est d'achever ce que l'on peut définir une « noogénèse », c'est-à-dire la création et l'évolution d'une noosphère. En se référant à tous les éléments du cosmos, y compris les êtres humains, comme projections d'une totalité ultime, il observe :

L'être humain prend part à cette totalité et à son processus ; il a ainsi fondamentalement changé en agissant dans le seul but de modifier cette réalité, qui est le contenu de la conscience.

5.5. DIEU, LA MORT ET LE MAL

Bohm pressent donc que l'être humain et l'humanité dans son ensemble, en réalisant avec succès la noogénèse, atteindront la plénitude dans une dimension plus grande de la réalité, l'Apex cosmique. Tout cela revient à dire, même si Bohm prononça rarement le mot « Dieu », que le vrai sens de l'existence est de vivre en harmonie avec Dieu et son projet créatif, ce qui est possible en vivant intimement ce potentiel infini auquel il est possible de n'avoir accès qu'à travers une réalité multidimensionnelle. En effet, Bohm disait à ce propos :

Il existe une vérité, une réalité, un être bien au-delà de ce qui peut être saisi par la pensée ; c'est l'intelligence, le sacré, la sainteté.

Enfin, par rapport au thème de la mort, Bohm fait des déclarations qui dénotent sa foi dans l'éternité. À ce propos, en utilisant à nouveau l'une de ses analogies, celle du chêne, il affirme :

Dans le chêne, la création, la dissolution et de nouveau la création coexistent. Les feuilles se forment sans cesse et certaines tombent en même temps, de telle sorte qu'un arbre apparaît constamment. C'est du non manifeste que l'arbre se forme sans cesse et c'est dans le non manifeste qu'il meurt.

Et que pense Bohm de la thématique du mal ? Là, il n'y a aucun doute. Le mal naît exclusivement du désordre, de l'ignorance et de l'aveuglement. Cela ne peut survenir que si l'ego de chaque individu s'effondre sur lui-même dans un micro-univers artificiel, ce qui conduit à s'éloigner de l'intelligence universelle. Le morcellement qui dérive de cet effondrement de tant d'ego enfermés dans leur trou noir fait de réalités illusoires est à la source des discordes entre les hommes, des guerres et de l'indifférence de l'homme vis-à-vis de la santé de sa planète. Dans le domaine écologique, par exemple, la pollution a lieu lorsque l'absence d'informations, ou d'une « information active » canalisée par le bon processus de pensée, subsiste et quand persiste donc un manque d'ordre, celui dicté par notre association intime avec le monde latent, Pour Bohm, le processus du dialogue est justement cette information active qui nettoierait la société de la pollution dans son ensemble. Voilà la raison de son grandiose projet d'unir la société dans une noosphère réelle qui, justement parce que née de l'union entre les hommes et les femmes qui pensent à l'unisson de manière cristalline, assemble l'humanité tout entière à l'absolu et au sacré.

5.6. LA TRANSFORMATION DE LA CONSCIENCE COMME FORCE ET ASCÈSE

D'après Bohm, la raison des grandes découvertes de Newton, d'Einstein et d'autres scientifiques vraiment importants parce que justement révolutionnaires, résidait dans le fait qu'ils avaient expérimenté une transformation de la conscience qui les avait mis en contact avec le champ actif d'information qui est généré par le monde latent. Cela leur avait permis de penser de façon correcte, complète et surtout créative. On pourrait dire la même chose de grands artistes, musiciens, poètes, pacifistes et vrais révolutionnaires de la société et de la religion. Il n'est pas surprenant qu'à la lumière de tout cela, Bohm ait plusieurs fois aussi rencontré le dalaï-lama, avec lequel il entretenait un dialogue fructueux. Cette grande figure hiératique toujours en vie était certainement le prototype de la sérénité accessible à travers la méditation, une bonne façon de penser, la compassion et le partage des sentiments du monde. Et le dalaï-lama s'intéressait beaucoup à la physique, car il en pressentait le grand potentiel transformateur, mais il affirmait aussi avec beaucoup d'humour avoir oublié en un instant tout ce qui lui avait dit Bohm un instant auparavant, comme pour dire que la vérité, même en physique, ne peut être atteinte qu'au cours d'un processus dialectique continu et dynamique en mesure d'en épurer, une minute après l'autre, les contenus pour les débarrasser d'une virtuosité inutile, des effets de l'ego et de présumés dogmatismes très totalisants.

Ce fut probablement le plus grand rêve de David Bohm : enseigner à l'humanité à penser consciemment. Un rêve né en partie de la grande douleur que son âme sensible éprouvait sans cesse lorsqu'il constatait l'existence de guerres dans le monde et en partie de sa compassion pour les hommes et pour lui-même. Tout était né de ses études de mécanique quantique, dont il avait saisi le cœur, et dont il espérait formuler un nouveau développement mathématique concernant de façon consistante aussi bien l'esprit que la matière. La raison de son acharnement à vouloir développer une « théorie mathématique du tout », qui donne de l'importance et du crédit à sa théorie du mouvement holographique, découlait de la compassion qu'il éprouvait pour le monde et visait à fournir une preuve forte qui pouvait pousser quiconque, et pas seulement ses collègues scientifiques, à regarder en soi et en dehors. Le grand mystère inhérent à la théorie quantique est que le dessus et le dessous, le dehors et le dedans, sont des projections différentes d'une conscience unitaire. Ce mystère peut être dévoilé en rendant sa propre façon de penser cristalline, condition nécessaire et suffisante pour arriver à fixer les piliers – les piliers mathématiques – de la physique ultime. Celle née d'un véritable processus d'ascèse qui doit concerner toute l'humanité.

L'acte d'expérimenter l'ascèse, dans le sens voulu par Bohm, avec pureté, pourrait aussi être défini une « force ». Un film comme *La Guerre des étoiles*, où le héros principal essaie de contrôler et de se faire guider par ce qu'il définit « la force », est une intuition inconsciente du metteur en scène. Pour une raison ou une autre, « la force » - peut-être générée par la conscience collective même et par les besoins de purification de l'humanité - diffuse de manière subliminale et symbolique dans l'imaginaire collectif ce que Bohm avait déjà profondément pressenti. D'ailleurs, même le grand physicien théoricien John Archibald Wheeler, l'un des plus grands chercheurs de la théorie de la gravitation et des trous noirs, avait déjà pressenti l'existence de cette force sublime, qui n'est pas la force mécanique communément employée par la physique de Newton, mais une force qui jaillit directement du champ d'information introduit par le potentiel quantique en mesure d'influencer aussi bien le monde de la matière que celui de l'esprit. Le chemin de Bohm et ses projets pour l'humanité visaient tous à chercher et à mettre cette force en pratique, qui ne peut naître que de la connaissance de soi, non pas comme un ego morcelé, mais comme un être cosmique en mesure de chevaucher consciemment et sans peur les ondes de cet immense océan sous-jacent à notre réalité qui s'appelle le mouvement holographique.

5.7. UNI À L'INFINI, SEUL À L'UNIVERSITÉ… MAIS LES AMIS NE MANQUENT PAS

Étant donné la nature même des thèses et des objectifs de Bohm – notamment toute l'architecture parfois paradoxale qui est à la base de l'ordre implicite et du mouvement holographique qui l'anime ; les aspects philosophiques et métaphysiques de sa pensée ; le peu de confiance qu'il accordait au calcul mathématique comme moyen de résoudre les problèmes physiques ; le rôle de la conscience et son amitié avec Krishnamurti ; le mélange de sa pensée avec la philosophie, la psychologie, les aspects sociaux, le langage, l'art et le mysticisme – il n'est pas surprenant que ses collègues physiciens de l'époque aient réagi avec beaucoup de scepticisme ou d'indifférence. Quasiment personne ne s'intéressait aux profondes conséquences philosophiques de son travail, préférant poursuivre une route faite uniquement de virtuosités mathématiques souvent stériles. Bohm les critiquait lorsqu'il en venait à affirmer que les équations auxquelles ils se fiaient aveuglément étaient un véritable piège. Il détestait la mentalité pratique de la physique de l'époque (très mathématique) qui ignorait n'importe quelle idée profonde à la base de chaque concept. En effet, il disait souvent justement :

La physique est plus un "organisme quantique" qu'une mécanique quantique. Je pense que les physiciens manifestent de vives réticences à l'admettre. Le "credo" dans la mécanique quantique a une longue histoire. Et ils n'aiment pas constater que leur foi est remise en question... Et si ce questionnement ne contient pas de formules, ils ne veulent pas le prendre en considération. Les formules sont un outil pour parler de choses totalement insensées jusqu'à ce que l'on arrive à comprendre ce qu'elles signifient. Chaque page de formules contient habituellement six ou sept thèses arbitraires qui demandent des semaines de dur travail pour en saisir le sens... Dans le domaine scientifique, chaque petite chose est fragmentée par n'importe quelle autre. Les scientifiques, qui œuvrent dans un domaine particulier, savent difficilement ce qui se passe dans un domaine d'études légèrement différent du leur. Et ce processus continue. La connaissance est fragmentée. Chaque chose est brisée en mille morceaux.

Et, quand on lui demanda si sa théorie, le jour où les autres scientifiques l'accepteraient, pourrait changer leur mentalité et le sens de la science en général, il retourna la question et répondit de manière décisive que la science est responsable de dévastations :

Nous sommes devenus une société scientifique. Cette société a produit toutes sortes de découvertes et de technologies, mais si elle conduit à la destruction, que ce soit à travers la guerre ou à travers la dévastation des ressources naturelles, alors cela aura été la pire des sociétés possibles qui n'aura jamais existé. Et c'est justement pour ça que nous sommes en danger aujourd'hui.

Dès le moment où Bohm eut mis au point l'équation de Schrödinger, après ses recherches sur les plasmas et le comportement des électrons – malgré sa façon toute particulière d'affronter les problèmes de la physique – il gagna la considération et le respect inconditionné du milieu universitaire, au point d'être considéré comme un possible candidat au prix Nobel de physique. Mais lorsque ses recherches – notamment à partir du début des années 60 – se tournèrent franchement vers des aspects plus conceptuels, non quantitatifs et, surtout, avec des contenus métaphysiques résolument déconcertants pour les bien-pensants de la physique, il commença à être considéré comme une espèce de « paria » par la communauté universitaire. Mais son choix d'étudier plus profondément les concepts, parfois très exotiques, plutôt que les mathématiques qui étaient à leur base, n'était pas du tout disjoint de son but ultime de physicien théoricien, qui était justement de construire un modèle mathématique décrivant précisément tout ce qu'il avait élaboré. En effet, Bohm opérait en parallèle : d'un côté, il examinait dans le détail des concepts apparemment métaphysiques sur l'ordre implicite et il essayait de formuler la nature même de l'acte de penser, et de l'autre il poursuivait les objectifs qui sont ceux de tous les physiciens. Mais rares sont ses collègues qui l'avaient compris. Sans aucun doute, les physiciens, parfois importants, qui le comprirent ne manquèrent pas. Ils le connaissaient bien et le soutinrent même lorsqu'il s'éloigna apparemment du parcours conventionnel de la physique ; notamment le prix Nobel Albert Einstein, qui le considérait comme son héritier intellectuel, et l'autre prix Nobel Richard Feynman, qui l'admira jusqu'au bout pour sa créativité, son courage et sa pensée originale tout en partageant sa méthodologie qui consistait à bien comprendre les limites d'un problème avant de passer à la phase du calcul. Et naturellement, il fut admiré et soutenu par ses collègues David Peat et Basil Hiley. Le premier le connut tellement bien qu'il en écrivit une très belle et complète biographie. Le second fut son brillantissime collègue qui, au Birbeck College de Londres, l'accompagna comme assistant pendant toute la seconde partie de sa vie. Hyley était entre autres un physicien aux formidables capacités mathématiques, capacités qui s'intégraient harmonieusement avec les facultés conceptuelles de Bohm. Ce fut en effet justement Hyley qui fournit à Bohm la technique mathématique pour tenter de construire un modèle rigoureux à la base de la théorie de l'ordre implicite, cette technique qui puisait à la typologie algébrique, mais qui malheureusement, au bout d'un certain moment, porta les deux scientifiques à s'enliser en raison de difficultés impossibles à affronter. Il est très instructif et amusant de se souvenir de la façon dont Basil Hiley considérait Bohm. Hiley dit en effet :

Dave arrive toujours aux justes conclusions, mais ses mathématiques sont terribles. Je les emmène à la maison et je trouve toujours toutes sortes d'erreurs, et puis je dois passer la nuit entière à tenter de développer la bonne version. Mais à la fin, le résultat est toujours exactement le même que celui que Dave avait vu directement dans son esprit.

De plus, Basil Hiley disait que dans son travail scientifique, Bohm « évoluait comme une hélice », en allant sans cesse de l'avant tout en circulant tout autour. C'est un peu comme dire qu'il allait toujours de l'avant, mais qu'il le faisait en sens rotatoire, c'est-à-dire en s'arrêtant pendant un certain temps pour réfléchir sur une étape déterminée de son cheminement de pensée. Cette similitude reflète de manière extrêmement fidèle, de la part de son collaborateur le plus proche, l'esprit de Bohm, qui de fait était un « esprit holistique ». Avec une incroyable détermination, il était habitué à raisonner de façon non linéaire, tout occupé à faire la synthèse et, à l'occasion, l'analyse. C'était un esprit qui n'utilisait pas le potentiel de la pensée logique de façon instinctive, mais c'était un esprit en mesure d'observer son cheminement tandis qu'il pensait. On le voit très bien lorsque Bohm commença à s'intéresser aux dialogues et au langage. Il s'agissait certainement d'un génie, mais d'un génie d'une qualité résolument insolite, que le monde n'avait sûrement jamais connu auparavant.

CHAPITRE 6

Vers une compréhension holistique et holographique des phénomènes psychiques

6.1. DANS LE VIDE RÉSIDE L'ORDRE, ET DE L'ORDRE NAÎT LA CONSCIENCE

L'ordre implicite n'est pas une création exclusive des théories et des hypothèses de David Bohm, mais il peut trouver une confirmation peut-être plus concrète dans une autre déduction – cette fois aussi bien théorique qu'expérimentale – de la mécanique quantique. Il s'agit du « champ du point zéro », cet immense océan d'énergie en constante ébullition, également appelé « mousse quantique » que le physicien hollandais Hendrick Casimir parvint à découvrir avec une célèbre expérience où deux plaques très proches l'une de l'autre étaient soumises à une pression anormale. Cette pression était provoquée par l'énergie du vide qui génère des fluctuations, dont l'une pourrait avoir généré l'univers même. En effet, la compréhension que Bohm avait de la réalité physique finit par prendre en considération ce concept de vide qui est aussi pris en compte dans d'autres approches de la physique et qui constitue le noyau central des religions orientales, le « prana ». Pour Bohm, l'espace ne représente pas un vide géant à travers lequel évolue la matière, mais l'espace dans toutes ses parties est aussi réel que la matière qui évolue à travers lui. L'espace et la matière sont intimement liés. En effet, des calculs effectués sur la quantité connue comme « énergie du champ zéro » suggèrent que chaque centimètre cube d'espace vide contient plus d'énergie que toute la matière connue dans l'univers, tandis que les modèles actuels de physique théorique et de cosmologie prévoient que l'« énergie obscure » provienne directement du vide et constitue 73 % de l'énergie produite par l'univers. Ces résultats ne laissaient pas Bohm indifférent, lui qui trouva un lien entre cet immense océan d'énergie apparemment vide et ce règne infini et caché qu'il appelait l'ordre implicite. L'énergie qui jaillit mystérieusement du vide est la manifestation d'un monde latent, hyperdimensionnel et atemporel, où réside la conscience de l'univers. Le monde latent est donc le siège de la création et le mouvement holographique n'est autre que le processus de la création. Les processus de matière/énergie du monde manifesté dans lesquels nous vivons et les processus d'information active qui proviennent du monde latent montrent que ces deux mondes sont intimement liés. Dans cette vision, la conscience même, celle que l'humanité aussi peut pénétrer dans son essence la plus intime à travers l'élaboration des processus de la pensée, n'est autre que le pilote de la réalité. À ce propos, Bohm affirmait :

À un niveau très profond, la matière et la conscience sont complètement inséparables et liées, exactement comme dans un jeu vidéo où le joueur et l'écran sont unis par la participation à un processus commun. Dans cette perspective, l'esprit et la matière sont deux aspects d'un seul et même tout et ne sont pas plus séparables que ne le sont la forme et le contenu. À des niveaux plus profonds, la conscience de l'humanité est une. C'est une certitude virtuelle car dans le vide aussi, la matière est une, et si nous ne le voyons pas, c'est parce que nous sommes aveugles devant cette réalité… Je voudrais dire que dans mon travail scientifique et philosophique, mon intérêt principal a été de comprendre la nature de la réalité en général et de la conscience en particulier comme un tout cohérent, qui n'est jamais statique et complet, mais qui est un processus sans fin de mouvement et d'ouverture… Comme une observation attentive le montre, il est possible de sentir un sens de flux dans le courant de la conscience qui n'est pas différent du sens de flux dans le mouvement de la matière en général. La pensée ne pourrait-elle donc pas être une partie de la réalité comme un tout ?

David Bohm a bien démontré dialectiquement que la réalité physique consiste réellement en une réinterprétation de la réalité qui va bien au-delà de la nouvelle physique révolutionnaire du début du XXe siècle. Les physiciens contemporains peuvent aussi ignorer le travail de Bohm (comme beaucoup l'ont fait), mais ils ne peuvent échapper à ses conséquences. L'approche scientifique de Bohm vise la recherche de la vérité et, avec la reformulation du concept d'« ordre » en physique, il a ouvert les fondements épistémologiques de la science. En utilisant ses profondes intuitions, il a conçu une réalité qu'il faut saisir en suivant un parcours « ontologique » qui a sa racine dans l'ordre implicite et dans le mouvement holographique. Dans cette conception, celle qu'on appelle l'« épistémologie », qui est l'étude de ce que nous savons et de la façon dont nous le savons, est entièrement remplacée par l'« ontologie », qui est justement l'étude de ce qui existe réellement. Cette étude n'est possible que si le penseur se fond avec la pensée. Une conception qui, pour l'instant, ne peut être définie comme une théorie, mais seulement comme une hypothèse ; une hypothèse pourtant si puissante et prenante, et qui présente des analogies déconcertantes avec des découvertes réelles de la physique comme l'énergie du point zéro ou la multidimensionnalité de la théorie des supercordes, qu'elle peut bouleverser les bases mêmes de la physique. Il ne s'agit pas d'une nouvelle façon de penser la physique, mais de fait d'une nouvelle physique.

L'aspect certainement le plus déroutant de la pensée de Bohm, c'est que l'ordre implicite n'est pas seulement une réalité hyperdimensionnelle qui gouverne le monde de la matière, mais qu'il représente le siège même de la conscience et de tous les phénomènes qui lui sont liés. Comme le monde latent n'est autre que l'« intériorité » de l'univers qui interagit directement avec le monde manifesté dont nous sommes apparemment les observateurs passifs, la physique de Bohm prévoit non seulement l'existence d'une intériorité consciente, une entité intelligible avec la nouvelle physique, mais aussi une interaction directe et continue entre cette intériorité et l'état conscient de l'univers, c'est-à-dire le monde manifesté dans lequel nous vivons. L'ordre implicite rappelle certainement beaucoup l'« inconscient collectif » de Carl Gustav Jung, dont une grande partie ne peut être révélée au niveau conscient. Par exemple, les archétypes ne peuvent être directement appréhendés, si ce n'est sous la forme de symboles qui apparaissent dans l'art, les rêves et dans différentes cultures. Il semble alors que l'œuvre de Bohm représente un effort pour rendre philosophiquement et (en perspective) scientifiquement intelligible ce que Jung avait pressenti dans son activité de psychologue analytique, un effort qu'avait aussi entrepris, même si par des chemins différents, son collègue physicien Wolfgang Pauli, mais que Bohm développe sur une échelle plus grande du point de vue conceptuel. Bohm se rattache ainsi à la pensée de Jung :

En étendant le concept de totalité à l'homme, nous voyons que chaque être humain participe de façon inséparable à la société et à la planète comme un tout. Ce qu'il est possible de suggérer ultérieurement, c'est qu'une telle participation se réalise dans un esprit collectif plus grand, et peut-être à la fin dans un esprit d'une portée encore plus vaste qui en principe soit aussi capable d'aller indéfiniment au-delà de l'espèce humaine comme un tout. Cela peut être corrélé à certaines des notions proposées par Jung.

6.2. PHÉNOMÈNES PSYCHIQUES ET AUTRES BIZARRERIES SONT L'EXPRESSION D'UN HOLOGRAMME

Bohm aspirait à construire une théorie réelle du tout. Son objectif était de parvenir à la formulation d'un modèle mathématique, mais il était auparavant nécessaire de bien comprendre tous les aspects du problème. Il se peut que l'une des prochaines étapes de la physique théorique consiste justement à mieux développer les calculs de la topologie algébrique pour créer la véritable théorie du tout, celle qui, en considérant observateur et observé, penseur et pensée, comme un ensemble lié, puisse permettre de détailler minutieusement le concept de conscience non pas comme une entité séparé de l'univers, mais comme un facteur lié à la matière et à l'énergie, exactement comme la photosynthèse chlorophyllienne est le résultat de l'interaction de la lumière avec la matière biologique. Cela pourrait aussi être une métaphore qui, apprise directement des phénomènes naturels, nous enseigne que la lumière est le meilleur symbole en mesure de représenter le concept de conscience.

Mais si la conscience est ce principe générateur qui, en provenant de l'ordre implicite, crée un lien avec l'ordre explicite de notre réalité évidente, si l'ordre implicite est le règne où opère le potentiel quantique, et si le potentiel quantique opère de façon non locale (c'est-à-dire instantanée) en mettant l'univers dans son ensemble en communication avec lui-même, alors la conscience, en se fixant à toutes les créatures, peut fonctionner comme moyen de communication entre tous les êtres de l'univers à travers un processus d'« association » qui concerne tout l'être, et où la pensée et la sphère émotionnelle se compénètrent de façon complète.

C'est sous cet aspect que les « pouvoirs phychiques » comme, par exemple, la synchronicité, la clairvoyance, la vision à distance, la télépathie et la psychokinésie, peuvent être considérés comme des manifestations de cette conscience universelle qui réside dans l'ordre implicite. En effet, Bohm, dans la seconde partie de sa vie, notamment durant sa relation avec Krishnamurti et parallèlement à son effort avec les techniques de topologie algébrique pour créer une thèse quantitative du mouvement holographique, prit les pouvoirs psychiques en considération comme de possibles « preuves expérimentables » de phénomènes non locaux générés directement par le potentiel quantique. Le déclenchement du phénomène psychique a lieu à des niveaux de réalité où les consciences qui interagissent semblent se comporter comme deux électrons dans un système quantique. La comparaison avec le paradoxe EPR est immédiate. Bohm pensait que l'électron était une entité très complexe qui n'a rien à voir avec un point sans structure. Les électrons, tout comme toutes les particules subatomiques, sont capables d'utiliser des informations, celles qu'ils reçoivent du potentiel quantique et donc de l'ordre implicite. L'électron répond à un « sens » inhérent à l'information qu'il reçoit : il s'agit donc d'une caractéristique non seulement de la conscience, mais de toute la matière. D'après Bohm, cette union intrinsèque de la conscience et de la matière, peut par exemple fournir une explication possible des phénomènes de psychokinésie. Il affirme :

Sur cette base, la psychokinésie pourrait avoir lieu si les processus mentaux d'une ou de plusieurs personnes étaient à nouveau focalisés sur des "sens" qui sont en harmonie avec les processus de base qui pilotent les systèmes matériaux dans le cadre desquels cette psychokinésie doit être enclenchée.

Il faut bien se rappeler que la psychokinésie, d'après Bohm, ne s'active pas comme un processus causal, c'est-à-dire comme une séquence de causes et d'effets, qui est une relation typique qui concerne toutes les forces connues de la physique standard. Au contraire, elle serait le résultat d'un type de « résonance de sens » aux caractéristiques inévitablement non locales, ou un type d'interaction non locale semblable – mais pas la même – à celle qui permet à un couple de photons jumeaux de manifester le même angle de polarisation. Pour être exact, Bohm pensait que des phénomènes comme la télépathie et la psychokinésie n'étaient pas un simple phénomène de non-localisation quantique comme celui que l'on relève dans le paradoxe EPR, mais une forme plus profonde et complexe de non-localisation, une espèce de « super non-localisation ». Il est de plus important de souligner que pour Bohm, les « phénomènes paranormaux », même s'ils sont en apparence impossibles à connaître selon le paradigme de la physique standard, ne faisaient pas partie du domaine de l'irrationnel, mais peuvaient être compris comme une science dans le cadre du modèle holographique. En effet, Bohm refusait l'existence de l'irrationnel, parce qu'elle allait contre la connaissance de type informatif de l'univers. Cet « irrationnel dans la matière » qui avait été identifié par son éminent collègue Wolfgang Pauli, notamment lorsqu'il étudiait avec Jung le phénomène de la synchronicité, était selon Bohm explicable dans le cadre d'un modèle largement exhaustif de l'univers, un modèle dont la « causalité » se réalise dans l'action d'un potentiel quantique et ses effets non locaux. Donc, les phénomènes psychiques aussi, même si de façon plus complexe que les phénomènes standards de la mécanique des quanta, s'articulent à partir du monde implicite, même si ce n'est pas à travers du déterminisme mécaniste de l'école newtonienne.

En considérant les conséquences de ses recherches, il n'est pas surprenant que Bohm se soit aussi profondément intéressé au paranormal. En effet, avec ses autres collègues physiciens qui collaboraient avec la Society for Psychical Research, il suivit avec enthousiasme les expériences avec le médium Uri Geller tandis que ce dernier affirmait pouvoir plier les métaux avec son esprit. Il s'aperçut toutefois rapidement que c'était un terrain miné pour un physicien, et son collègue Basil Hiley l'aida délicatement à ne pas se laisser embobiner par qui affirmait, avec une suffisance louche, avoir des pouvoirs psychiques. Bohm était tellement intéressé, en tant que théoricien, à démontrer l'unité entre l'esprit et la matière, qu'il était souvent disposé à tenir pour vrai toutes les expériences alors que de nombreuses n'étaient que des trucages. De toute façon, et même si l'on tient compte des données crédibles, les expériences avec Geller ne conduisirent à aucun résultat positif. Les intuitions de Bohm sur les phénomènes psychiques étaient sans aucun doute fondées, mais les « réponses expérimentales » étaient à l'époque minées par un rapport signal/bruit résolument trop faible pour pouvoir être pris au sérieux.

Aujourd'hui, en particulier avec des recherches très sérieuses menées au PEAR Lab de Princeton, par des physiciens et des chercheurs comme Russel Targ, Harold Puthoff, Robert Jahn et Brenda Dunne, ces réponses expérimentales semblent avoir plus de fondements, même s'il semble malheureusement que les hypothèses théoriques qui sont à la base de la physique et métaphysique de David Bohm, ne se soient pas développées de conserve au point de permettre une confrontation directe entre la théorie et l'observation (c'est et cela restera la façon de faire en physique). De toute façon, dans l'attente que quelqu'un reprenne en main la théorie de Bohm pour poursuivre d'où il s'était arrêté, il existe déjà des données expérimentales qui semblent prouver l'interaction entre l'esprit et la matière. Les résultats montrent qu'il existe de fait une espèce d'« intention mentale » aux caractéristiques collectives en mesure d'influencer la distribution moyenne d'un générateur de nombres aléatoires. Cela confirme expérimentalement le concept selon lequel l'esprit humain peut influencer directement les distributions de probabilités qui sont à la base des processus quantiques. C'est très significatif car les distributions de probabilité quantique sont de véritables « champs d'information non physiques » qui possèdent des propriétés spatio-temporelles non locales. Le lien avec le concept de potentiel quantique élaboré par Bohm semble très étroit, mais pour l'instant il ne l'est qu'au niveau qualitatif car il manque encore un modèle théorique quantitatif en mesure de décrire de manière consistante la dynamique des phénomènes psychiques dans le cadre d'un ordre implicite où il n'existe pas de séparation spatiale ou temporelle.

6.3. LE CERVEAU COMME HOLOGRAMME

Le scientifique d'autres disciplines qui a fourni le support le plus important au modèle holographique de David Bohm est sans aucun doute le neurophysiologue américain Karl Pribram de l'université de Stanford. Au cours de ses activités indépendantes dans le domaine de la recherche sur le cerveau, Pribram aussi s'est convaincu de la nature holographique de la réalité. Il a été poussé à développer ce modèle, le même que Bohm a développé en physique, pour étudier où et comment la matière était stockée dans le cerveau. Pendant des dizaines d'années, de très nombreuses recherches ont montré que plutôt qu'être confinées dans une région particulière, les mémoires semblent littéralement dispersées à travers le cerveau. La façon dont le cerveau codifie les mémoires est une énigme des neurosciences. Le cerveau ne fonctionne pas comme le disque dur d'un ordinateur : si on en enlève une partie, la mémoire n'est pas perdue, mais transférée à d'autres régions. En 1960, Pribram tomba sur le concept d'holographie et se rendit compte qu'il avait trouvé l'explication à ce mystère que les neuroscientifiques avaient cherché jusqu'à cet instant. Ce fut ainsi que Pribram proposa un modèle holographique pour le cerveau, sur la base d'une explication théorique de la façon dont les impulsions neurales sont relevées et emmagasinées à la surface du cerveau. Pribram parvint en effet à la conclusion que les mémoires ne sont pas codifiées dans les neurones, ou en petits groupes de neurones, mais sous forme d'impulsions nerveuses qui se croisent dans tout le cerveau comme les dessins d'interférence de lumière laser se croisent dans toute la région d'un morceau de pellicule contenant une image holographique. En d'autres termes, Pribram en arrive à conclure que le cerveau est un hologramme. Le modèle holographique de Pribram est en mesure d'expliquer aussi comment le cerveau peut traduire l'avalanche de fréquences qu'il reçoit à travers les sens (fréquences de lumière, fréquences sonores et ainsi de suite) dans le monde concret de nos perceptions. Coder et décoder des fréquences est exactement ce que fait un hologramme. Ce dernier fonctionne comme une espèce de « lentille », une espèce de système de traduction en mesure de convertir un amas de fréquences apparemment sans signification dans une image cohérente. Pribram pense que le cerveau fonctionne de la même façon et utilise des principes holographiques pour convertir mathématiquement les fréquences qu'il reçoit à travers les sens dans le monde interne de nos perceptions. Le modèle de Pribram a sûrement reçu plus de soutien parmi les neurophysiologues que parmi les physiciens. Mais Pribram, en plus de traiter le même modèle holographique que Bohm, en explique en détail certains aspects. Le caractère le plus surprenant du modèle holographique cérébral de Pribram s'exprime quand on le compare à la théorie de Bohm. Si l'aspect concret du monde n'est autre qu'une réalité secondaire et si ce qui se passe est effectivement une apparence confuse de fréquences, et si le cerveau est aussi un hologramme qui sélectionne certaines de cette masse de fréquences et les transforme mathématiquement en perceptions sensorielles, alors que reste-t-il de la réalité objective ? Elle cesse d'exister. Cela rappelle un peu ce que disent les religions orientales lorsqu'elles affirment que, sous le nom de Maya, le monde matériel n'est qu'une illusion, même si nous pouvons penser que nous sommes des êtres physiques qui évoluent dans le monde physique. Cela aussi est une illusion. Et alors, nous ne sommes rien d'autre que des « récepteurs » qui fluctuent dans un kaléidoscope de fréquences, et ce que nous extrayons de cet océan d'informations et que nous transformons dans la réalité physique de tous les jours n'est autre qu'un canal parmi tant d'autres qui peuvent être extraits d'un super hologramme. C'est peut-être le système culturel même dans lequel nous sommes plongés, un système qui nous rend souvent aveugles par rapport à des méthodes alternatives de perception de la réalité, qui nous pousse à choisir un canal préférentiel. La perception et le décodage d'un canal particulier d'information pourraient donc dépendre d'un acte intentionnel de notre part lié à des conditionnements sociaux. Mais si cet acte intentionnel s'orientait dans une autre direction, quelle information notre cerveau décoderait-il ?

6.4. HOLOGRAMMES CÉRÉBRAUX QUI ATTIRENT D'ÉTRANGES FRÉQUENCES

Ce nouveau cadre révolutionnaire de la réalité, qui représente la synthèse des visions du physicien théoricien David Bohm et du neurophysiologue Karl Pribram, a conduit à la création d'un nouveau paradigme, le « paradigme holographique », et même si de nombreux scientifiques ont fait preuve de scepticisme à son sujet, beaucoup d'autres, parmi lesquels l'éminent astronome britannique Martin Rees, l'ont considéré favorablement au point de développer ultérieurement ce modèle. Ces scientifiques de la nouvelle ère de l'humanité, un groupe de plus en plus important, pensent que c'est le modèle qui se rapproche le plus de la réalité. Ce qui est très intéressant et déconcertant, c'est que le modèle holographique peut résoudre certains mystères – justement les phénomènes psychiques – qui n'ont jamais été expliqués par la science. Dans cette perspective, ce qui pour l'instant est à tort défini comme « paranormal » pourrait devenir une partie des lois naturelles, une nature très hétéroclite, mais entièrement représentable par les lois physiques, dont bon nombre transcendent encore notre compréhension. Que se passe-t-il si, de cette cascade de fréquences qu'il reçoit, le cerveau extrait des canaux d'information différents de ceux qu'il acquiert normalement ? Il pourrait accéder à d'autres niveaux de réalité, avec lesquels il pourrait communiquer, semble-t-il, de manière non locale.

Mais si l'interaction non locale œuvre parmi tous les esprits qui parviennent à décoder correctement le contenu informatif transmis par certains canaux cérébraux, alors, justement en raison de la loi de non-localisation, toutes les créatures de l'univers peuvent participer à ce processus, quelle que soit la distance à laquelle elles se trouvent. Cela pourrait expliquer les présumées communications télépathiques advenues entre certaines personnes très douées et de possibles « entités extraterrestres ». Ce mécanisme – contrairement à ce que soutiennent les procédures standard du projet SETI (Search for Extraterrestrial Intelligence) selon lesquelles seules l'émission et la réception de signaux électromagnétiques de civilisations technologiques vivant sur des planètes lointaines sont possibles – pourrait être le modèle standard de communication entre des civilisations intelligentes et conscientes de l'univers. Une méthode qui, à la différence des signaux électromagnétiques conçus par la physique classique qui ne se propagent qu'à la vitesse de la lumière, permettrait une communication réellement instantanée. Cela reviendrait à mettre à profit les merveilleux mécanismes générés dans l'ordre implicite de Bohm. Le physicien nucléaire George Linhart évoque également cette possibilité, parmi d'autres grands sujets plus classiquement bio-astronomiques, dans son livre très original qui traite de la vie extraterrestre.

Cela est sans aucun doute un domaine qui à l'avenir pourrait fournir des réponses au modèle de Bohm. Mais comme le modèle de Bohm, qui par sa nature prévoit l'existence d'une réalité multidimensionnelle, évoque aussi la possibilité de plusieurs niveaux de réalité, la communication télépathique pourrait avoir lieu non seulement entre des intelligences qui résident sur des planètes lointaines dans notre univers, mais aussi entre des intelligences qui vivent dans des dimensions différentes ou, comme le prévoit l'astronome Martin Rees, dans des univers différents qui ensemble constitueraient une mégastructure cosmique dénommée « multivers ».

Mais la non-localisation ne s'arrêterait pas à la communication d'information. Le psychisme pourrait accéder directement au champ du point zéro et, en y puisant de l'énergie, créer des formes matérielles ou énergétiques dans n'importe quel point de l'univers et où que se trouve l'esprit qui s'est connecté au champ. Des hypothèses de ce genre sont étudiées par différents chercheurs comme, par exemple, le scientifique et ex-astronaute Edgar Mitchell. Ce dernier, sur un plan pour l'instant purement spéculatif, mais en soi légitime, pense que tous les phénomènes psychiques comportent un effet de résonance non local entre le cerveau et le vide quantique, et qu'ils permettent donc d'accéder à un contenu informatif directement à partir de la même structure holographique de l'univers. De ce point de vue, il est possible d'expliquer aussi bien la psychokinésie que la perception extrasensorielle en général, mais aussi les voyages astraux, les expériences de mort imminente, les visions, les apparitions et aussi la preuve éventuelle de la réincarnation. Toutefois, Mitchell aussi ne développe ces idées que sous forme d'hypothèses, du moment où il est bien conscient que cette spéculation n'a pas encore été confirmée par de nouveaux modèles physiques.

Dans ce domaine, c'est-à-dire dans l'étude scientifique du paranormal, aujourd'hui encore sont menées de nombreuses recherches, , notamment celles pressenties par Bohm et examinées du point de vue neurophysiologique par Pribram, dans l'espoir (chez certains, on peut parler de foi) que le paranormal rentre dans un modèle descriptible des lois de la physique, de la biophysique et de la neurophysiologie. Dans un univers où les cerveaux individuels sont réellement des portions indivisibles d'un hologramme plus grand et où chaque chose est liée de façon non locale, où un champ quantique guide la réalité, la télépathie pourrait elle-même être considérée comme la porte qui conduit au niveau holographique de la réalité.

Le biologiste Rupert Sheldrake dans sa théorie de la « résonance morphogénétique », qui unirait tous les êtres vivants dans une symbiose profonde avec de possibles effets télépathiques, s'inspira beaucoup de la théorie de Bohm sur l'ordre implicite. Il parla souvent avec Bohm et considéra que l'ordre implicite n'était autre qu'une reformulation du « monde des idées » de Platon.

Le paradigme holographique de Bohm/Pribram peut être élargi à la biologie de l'être humain et notamment à la médecine. Si l'apparente structure physique de notre corps n'est autre qu'une projection holographique de la conscience, il est clair que chacun de nous est plus ou moins responsable de sa santé, tandis que la médecine traditionnelle n'agirait que sur les effets, mais pas sur les causes qui génèrent le mal. De ce point de vue, même les guérisons miraculeuses de maladies incurables pourraient être dues à des processus dynamiques de la conscience qui à leur tour génèrent des processus dynamiques ou des changements dans l'hologramme du corps.

Si nous prenons conscience que toute la réalité se fonde sur un gigantesque hologramme auquel nous sommes liés en tant que récepteurs, alors il semble ne pas y avoir de limites à notre capacité d'altérer la structure de la réalité, ce qui revient à dire que nous ne sommes pas de passifs observateurs d'un univers qui fonctionne à retardement – celui décrit par la physique traditionnelle quand elle se concentre sur l'ordre explicite en ignorant l'ordre implicite – mais, si nous nous laissons guider par un acte intentionnel, les créateurs de cette réalité.

On peut sans aucun doute déduire tout cela de la physique et de la métaphysique de David Bohm, lui qui a posé les bases philosophiques et scientifiques qui pourraient permettre à l'humanité du futur d'accomplir ce qui est souvent défini comme un « saut quantique » vers une connaissance plus élevée de la réalité. Une réalité non seulement connue, mais aussi directement vécue en tant que citoyens de l'univers.

CHAPITRE 7

Un homme tourmenté, mais lumineux qui a révolutionné la physique théorique

David Bohm, tout jeune déjà, était une personne profondément méditative, mais également tourmentée. En raison notamment d'un très mauvais rapport avec ses parents : son père avait l'esprit très terre à terre, bien loin de la spiritualité, et sa mère, sans cesse en proie à des problèmes psychiques, ne prêtait quasiment aucune attention à son fils. Dans ce contexte, Bohm était un enfant profondément seul en famille. Et pourtant, peut-être que cette absence d'affection réelle, de compréhension et d'attentions familiales, et l'espoir secret de savoir ce qu'était la réalité, le poussèrent à développer une grande force intérieure et à voyager par l'esprit vers des mondes imaginaires, des mondes toutefois possibles dans la science du futur. Ce fut justement cette force intérieure et sa forte motivation à comprendre les problèmes, ainsi que sa confiance dans le pouvoir explicatif de la science, qui le poussèrent à poursuivre jusqu'où il voulait arriver : pas tant pour poursuivre une carrière universitaire – qu'il fit avec grand succès, même si par alternance – mais pour saisir chaque instant de sa vie afin de se nourrir profondément de savoir, et surtout de transmettre son savoir, et sa grande dialectique, aux gens, en particulier à ses étudiants et collaborateurs. Dès sa jeunesse, l'un des plus importants buts que Bohm s'était donné avait été de tenter de purifier la façon de penser de l'humanité – une façon jusqu'à cet instant asservie à l'ego et donc loin de la connaissance réelle de l'univers et de la syntonie avec le tout. – Il avait donc essayé de dévier l'humanité de sa direction, qu'il jugeait catastrophique.

Extrêmement sensible, doté d'une intelligence, d'un génie, d'une curiosité et d'une culture éclectique démesurés, il se sentait profondément accablé par tous les maux du monde dont il avait tendance à se sentir responsable. Un être à la fois introspectif et observateur de la réalité qui l'entourait ne pouvait pas ne pas arriver à cette merveilleuse formulation qui aurait conduit à la découverte de l'existence d'un dualisme harmonieux entre monde latent et monde manifesté. Mais la conscience de l'existence de cet univers à la fois dual et intimement unitaire, et sa façon de saisir la réalité, ne pouvait pas ne pas le conduire à souffrir souvent. Des personnes de ce genre, très sensibles, observent avec minutie le monde et elles-mêmes et sont destinées à être fragiles. Et Bohm l'était. Mais cette fragilité, qui se répercutait sur sa santé physique et psychique, ne l'empêchait pas de poursuivre avec grande détermination et courage son chemin vers la vérité.

Évidemment, les personnes caractérisées par cette fragilité, Bohm en particulier, sont portées à se forger des idéaux qu'elles sont disposées à faire leur sans condition. La foi profonde de Bohm dans la doctrine marxiste n'est alors pas surprenante car de la façon dont il l'avait comprise elle reflétait un ordre rationnel dans la société avec tous les individus harmonieusement unis dans une sensibilité commune, exactement comme il l'avait constaté, par exemple, lors de ses recherches sur les plasmas, où les électrons et les autres particules sont associés dans un projet intelligent et grandiose qui les unit dans un dessein cosmique. Une personne aussi sensible et intelligente que Bohm aurait accueilli à bras ouverts le projet marxiste et le communisme en particulier, en postulant sa valeur intrinsèque pour mettre fin aux injustices dans le monde et en unissant les personnes dans un modèle utopiste de société. C'est dans cette perspective que Bohm, durant la période obscure qui frappa les États-Unis dans les années 50 et 60 sous le nom de

Maccarthysme, après avoir été interrogé et arrêté sous l'accusation d'« activités anti-américaines », refusa avec beaucoup d'honnêteté, de cohérence et de courage, de donner les noms de ses amis et collègues de la Ligue communiste. Il paya de sa propre personne et dut quitter les États-Unis pour finir dans un pays, le Brésil, qui ne se montra pas particulièrement proche de ses convictions. Là, il continua à croire pendant un certain temps en ses idéaux sociaux et politiques, et maintint intacte sa détermination à étudier la nature de la réalité en physique en approfondissant encore plus ses recherches sur la nature des plasmas, tout en souffrant de l'éloignement et de l'absence de ses proches et de ses amis.

Sa déception fut grande quand, à la fin des années 50, Bohm se rendit compte de ce qu'était réellement le communisme : une espèce de démon déguisé en ange qui, en poursuivant brutalement la liberté des individus en les ensevelissant sous une bureaucratie grise et opprimante, avait commis largement plus de méfaits qu'il n'avait agi pour le bien de la société et de l'homme, et il avait gravement entamé son potentiel spirituel. Ce fut pour lui l'une des raisons les plus importantes qui le conduisirent souvent à travers de longues crises de dépression, parfois tellement graves qu'elles nécessitaient un strict contrôle médical et parfois des soins drastiques. Voir soudainement s'écrouler un idéal – aussi bien social que scientifique – en constatant les terribles crimes que l'Union soviétique et les pays alliés avaient commis fut pour lui dramatique et lancinant. Mais ce fut justement cette nécessaire étape de transition qui lui permit de transformer sa dialectique physico-sociale en un « mysticisme scientifico-métaphysique » d'une très vaste portée. Il arriva donc, à travers une phase intermédiaire où il s'intéressa davantage à la pensée de Hegel qu'à celle de Marx, à découvrir son besoin d'ordre dans la nature et la société, son besoin profond de justice collective, à la lumière d'un « Dieu » largement plus grand et sophistiqué que celui prévu par n'importe quelle religion. Sa compréhension de la valeur de la méditation, de la valeur des dialogues et de l'importance du facteur « conscience » dans l'humanité, lui permit de redécouvrir sa science – notamment la théorie quantique – sous un angle complètement différent.

Le parcours de la vie de Bohm montre de façon extrêmement claire qu'un homme ne peut se trouver qu'en éprouvant de la compassion pour son prochain et le monde dans son ensemble. Son chemin le conduisit au « soi » en partant justement de son intériorité, une exploration profonde qui parvint presque à le libérer de l'ego, à tel point que son esprit et son cœur furent finalement libres et qu'il put bâtir l'un des modèles physico-philosophiques les plus beaux et profonds qui n'aient jamais été conçus. Les fruits ultimes de sa pensée, notamment la formulation de la théorie de l'ordre implicite, ne furent pas le résultat d'un syncrétisme entre religions et philosophies du passé aussi bien occidentales qu'orientales, mais des thèses qu'il alla récupérer au plus profond de lui, quasiment comme s'il avait découvert la clé d'accès à une mythique « Bibliothèque alexandrine de la sagesse » située nulle part et partout. Une clé qui s'appelait « potentiel quantique », et qui le pilotait aussi bien dans ses exposés physico-mathématiques que dans la vie, tout comme le potentiel quantique pilote en cachette la trajectoire de l'électron.

L'approche de Bohm de l'étude des lois de la nature était guidée par une très profonde intuition, par la capacité de trouver les métaphores et les bonnes analogies pour expliquer de façon très claire des concepts autrement inaccessibles, et par la faculté de repérer le bon moment pour utiliser la méthode mathématique lui permettant de formaliser ses prises de position et conclusions. La grande caractéristique de Bohm dans son travail était qu'il œuvrait d'une façon où son ego était complètement détaché de la réalité qu'il enquêtait. Apparemment timide et peu sûr de lui, parfois déprimé, il était toutefois profondément immergé dans le monde quantique qu'il étudiait et dans le même temps disposé à communiquer et à discuter à tout moment de ses idées non seulement avec qui était potentiellement d'accord, mais aussi avec qui – comme, par exemple, Niels Bohr – opérait sur des fronts diamétralement opposés.

Il aimait la nature et parler avec ses amis et ses collègues en faisant de longues promenades dans les bois. Il observait la nature non pas comme un environnement distinct de lui, mais comme un unique monde dont lui-même était une partie manifestée, tombée dans ce monde mortel pour figer dans le bref arc d'une vie une pensée qu'il avait perçue directement de l'infini. Il était fasciné par les caractéristiques rotatoires (quantisées) des particules élémentaires (comme, par exemple, le « spin »), et avant de passer directement à un exposé mathématique, il avait besoin d'expérimenter le phénomène de la rotation avec son corps même. Souvent, avant de trouver la définition de « gyroscope », et avant de la quantifier avec les lois de la physique, il avait besoin de la visualiser et de la percevoir dans ses membres, à tel point qu'en imaginant un gyroscope abstrait qui tourne simultanément dans deux directions opposées il eut l'une des premières intuitions sur le concept de mouvement holographique, et parvint ensuite à comprendre à fond toutes les implications de la non-localisation et le rôle de la conscience dans l'univers. Il savait aussi apprécier l'art, le beau et l'harmonie que certains peintres savaient fouiller, à tel point qu'il eut pendant des années des contacts fréquents avec l'artiste Charles Biederman, dont il partageait l'idée que le but réel de l'art est de transformer la conscience, un peu comme les caractéristiques purifiantes du « dialogue », mais avec des procédures plus immédiates et symboliques. C'est pour cette raison qu'il était très attiré par les tableaux de Cézanne, dans lesquels il voyait l'intime relation entre les parties et le tout, le tout et les parties.

Sa motivation à saisir pleinement le sens de la méditation, comme il tentait de le faire auprès de son ami Krishnamurti, était telle que lorsque ce dernier lui fit comprendre qu'il ne l'avait probablement jamais vraiment expérimentée, il traversa l'une des plus longues et fortes dépressions de sa vie, avec des effets sur son physique même. Il croyait profondément dans la valeur de l'amitié et il estimait le penseur indien, lequel au contraire, pour autant qu'il avait sans nul doute diffusé une méthode de méditation très salutaire pour la santé du psychisme et de la société humaine, n'avait jamais manifesté une confiance totale dans le fait que Bohm voulait puiser des informations de tous ses enseignements pour construire une nouvelle physique. Krishnamurti n'était probablement pas une personne réellement digne de Bohm qui, bien que l'ayant compris pour des raisons qui témoignaient de l'incohérence et parfois du comportement mensonger du penseur indien, ne voulait accepter cette déception par rapport à une personne qu'il avait mise sur un piédestal pendant très longtemps. Bohm n'éprouva jamais de rancœur ou de ressentiment à l'égard de l'attitude de Krishnamurti, mais il en souffrit, parfois en se remettant en question, lui et sa physique.

Bohm cherchait certainement une reconnaissance au sein des cercles universitaires (et il l'obtint en partie), d'ailleurs il avait mis tout son cœur et beaucoup de courage aussi dans la construction de son modèle de la réalité, mais il ne le faisait pas pour lui, il le faisait pour les autres, pour ses étudiants et ses assistants en particulier, vers lesquels il sentait qu'il avait la responsabilité de transmettre une nouvelle façon de comprendre la nature et la vie. Il n'obtint généralement pas grande satisfaction de la part de la plupart de ses collègues – il fut très critiqué et affronta snobisme, scepticisme et indifférence –, mais il en comprenait aussi la raison et ne s'en émerveillait pas, dès lors qu'il voyait clairement les lacunes de la physique de son époque et la cécité de qui la gérait. Dans son domaine de prédilection, qui fut et reste la physique – et non pas la philosophie, comme les mauvaises langues de l'époque voulaient bien le faire croire – il sentait le besoin d'approbation, car parfois ses motivations personnelles, déjà en soi incroyables, à poursuivre sur le chemin qu'il avait entrepris, ne lui suffisaient pas. Lui-même, surtout au cours des dernières années de sa vie, fit plusieurs fois son autocritique, pensa avoir trouvé des lacunes fondamentales dans son propre travail, et sur cette base se tourmenta jusqu'à connaître de nouveaux épisodes dépressifs. En réalité, il avait entrepris un sentier inaccessible, d'une difficulté inimaginable, une espèce de chemin dans le vide sur une corde, dont il pouvait tomber à n'importe quel moment. Et cela était d'autant plus difficile que tout le parcours de Bohm, à travers ce qui semblait être une philosophie ou une métaphysique, visait à comprendre les raisons profondes pour lesquelles la physique n'était pas en mesure d'expliquer tout l'univers, à créer purement et simplement une nouvelle physique et non pas une philosophie. Des concepts comme la conscience, le dialogue, le *rhéomode*, le soma et des méthodes de communication absolument analogiques comme les métaphores ne faisaient apparemment pas partie de la pensée et de la méthode d'un physicien. Mais lui prit son courage à deux mains et courut le risque : la nécessité de bien comprendre où se trouvaient les lacunes de la pensée humaine exigeait une visualisation claire des concepts (même naïfs au besoin), une créativité poussée et un sens du risque peu ordinaire. Avant d'écrire de nouvelles formules, il fallait fixer un nouveau paradigme, né aussi bien de la logique que de la créativité, d'une profonde culture éclectique que d'une faculté d'observation formidable. Puis, Bohm – et cela était le plus grand de ses objectifs en tant que physicien – aurait mis au point l'architecture mathématique de cette nouvelle cosmologie, seulement après avoir bien compris la nature des problèmes à résoudre et après avoir fixé les bonnes thèses. En effet, Bohm, avec son collègue et sincère ami

Basil Hiley, travaillait depuis longtemps à des techniques mathématiques comme la cohomologie, la topologie et les transformations canoniques, bien appropriées pour décrire sa « métaphysique », mais son travail resta malheureusement inachevé. Il semble toutefois que son univers, qui englobait substantiellement le « monde des idées » de Platon, une fois mathématisé, n'aurait ressemblé à aucune structure existante de la physique théorique, mais plus à une grande et rigoureuse abstraction de la mathématique pure.

Bohm prononça rarement le mot « Dieu », peut-être parce qu'il semblait un peu fourvoyant, vague et en tout état de cause irrationnel, pour un physicien qui à la fin voulait justement trouver la formule de Dieu. Et pourtant ses motivations le portaient à la transcendance, une transcendance grandissante, ciselée, souvent objet d'une autocorrection et de plus en plus cristalline. À la fin de sa vie, il prononça ces phrases qui sont résolument emblématiques du fait qu'en réalité, au cours de son chemin difficile, mais courageux et lumineux, il avait probablement perçu Dieu, plus qu'il n'avait perçu le nœud des méditations de Krishnamurti :

Le champ du fini est tout ce que nous pouvons voir, entendre, toucher, rappeler et décrire. Ce champ est fondamentalement ce qui est manifeste, ou tangible. La qualité essentielle de l'infini, par contraste, est son caractère élusif, intangible. Cette qualité se transmet dans le mot Esprit, *dont le sens original est* vent, souffle. *Cela suggère l'existence d'une énergie invisible mais envahissante, à laquelle le monde manifeste du fini répond. Cette énergie, ou esprit, envahit tous les êtres vivants, et sans elle tout organisme se briserait dans ses éléments constituants. Ce qui est réellement vivant dans l'être vivant, c'est cette énergie de l'esprit, et elle n'est jamais née et jamais ne mourra.*

Les idées de David Bohm, indépendamment du scepticisme de ses collègues les plus traditionalistes, ont profondément influencé la physique du siècle dernier et ouvert une porte à la physique du nouveau millénaire. Nombreux aujourd'hui sont les physiciens qui en utilisent le savoir et les concepts, notamment dans le domaine de la mécanique quantique, de la conscience, de la cosmologie, de la physique du champ du point zéro, de la physique des ondes scalaires, de la biophysique. Grâce aussi aux contacts que Bohm sut nouer avec des chercheurs d'autres branches du savoir, ses idées ont été accueillies avec beaucoup d'enthousiasme par les neuroscientifiques, les philosophes, les théologiens, les psychologues, les sociologues, les poètes, les artistes et les éducateurs.

David Bohm avait peut-être pressenti qu'il existe une « physique de l'âme » et avec elle il voulait tracer un chemin pour une humanité à la dérive. Nous espérons que quelqu'un reparte de là où Bohm s'est arrêté.

Les bases mathématiques de la mécanique bohmienne*

(*Librement adapté de *Bohm Interpretation*,
Wikipedia, http://en.wikipedia.org/wiki/Bohm_interpretation)

Dans l'*équation de Schrödinger* :

$$\frac{-\hbar^2}{2m}\nabla^2\psi(\mathbf{r},t)+V(\mathbf{r})\psi(\mathbf{r},t)=i\hbar\frac{\partial\psi(\mathbf{r},t)}{\partial t}$$

Où *m* est la masse de l'électron, *h* la constante de Planck divisée par 2ϖ, V l'opérateur de l'énergie potentielle et *i* un nombre imaginaire, la *fonction d'onde* Ψ(**r**, t) est une fonction complexe de la position **r** et du temps *t*. La *densité de probabilité* *e*(**r**, t) qui lui est liée est une fonction définie par :

$$\rho(\mathbf{r},t)=R(\mathbf{r},t)^2=|\psi(\mathbf{r},t)|^2=\psi^*(\mathbf{r},t)\psi(\mathbf{r},t)$$

Sans perte de généralité, nous pouvons exprimer la *fonction d'onde* Ψ en termes de *densité de probabilité* réelle *e* = $|\Psi|^2$ et de *fonction de phase* de la variable réelle *S*, dépendant elles aussi de la position et du temps :

$$\psi=\sqrt{\rho}e^{iS/\hbar}$$

En agissant de la sorte, l'équation de Schrödinger se sépare en deux équations couplées :

$$-\frac{\partial\rho}{\partial t}=\nabla\cdot(\rho\frac{\nabla S}{m})\qquad(1)$$

$$-\frac{\partial S}{\partial t} = V + \frac{1}{2m}(\nabla S)^2 + Q \qquad (2)$$

où :

$$Q = -\frac{\hbar^2}{2m}\frac{\nabla^2 R}{R} = -\frac{\hbar^2}{2m}\frac{\nabla^2\sqrt{\rho}}{\sqrt{\rho}} = -\frac{\hbar^2}{2m}\left(\frac{\nabla^2\rho}{2\rho} - \left(\frac{\nabla\rho}{2\rho}\right)^2\right)$$

Si nous identifions le moment comme p = ∇S et l'énergie comme $E = \partial S/\partial t$, alors $E = -\partial S/\partial t$ n'est que l'*équation de continuité pour la probabilité*, avec :

$$\mathbf{j} = \rho\mathbf{v} = \rho\frac{\mathbf{p}}{m} = \rho\frac{\nabla S}{m}$$

L'équation (2) affirme que l'énergie totale est la somme de l'énergie potentielle, de l'énergie cinétique et d'un terme additionnel Q qu'on appelle **potentiel quantique**. On considère que la particule a une position bien définie, avec une distribution de probabilité *e* qui peut être calculée par la *fonction d'onde* ψ. La *fonction d'onde* « guide » la particule au moyen du potentiel quantique Q. Une grande partie de ce formalisme a été élaboré par Louis de Broglie. Bohm, en réinterprétant les équations, l'appliqua du cas d'une particule simple à celui de nombreuses particules. On peut également élargir ce formalisme afin d'inclure le spin. L'élargissement du concept à des conditions relativistes n'a pour l'instant encore fourni aucun résultat.

Glossaire scientifique et philosophique

Cohomologie. Technique mathématique qui appartient aussi bien à la *topologie algébrique* qu'à la *topologie différentielle*, en mesure d'exprimer une information topologique fondamentale sur des systèmes particuliers de figuration dans une forme adaptée au calcul et à la représentation concrète de classes cohomologiques. Une théorie de cohomologie est basée sur l'existence de formes différentielles avec des propriétés établies.

Densité d'énergie. Rapport entre l'énergie contenue dans un élément de volume et le volume même.

Déterminisme. Proposition philosophique qui affirme que tout événement, y compris la cognition et l'action humaine, est causalement déterminé par une chaîne ininterrompue d'événements précédents. Ainsi, l'existence de miracles ou d'événements causals n'est pas prévue. S'il n'y avait eu qu'un seul événement indéterministe dès le début des temps, le déterminisme aurait été considéré comme faux.

Deutéron. Noyau de l'atome de deutérium ou *hydrogène lourd*. Il est formé d'un proton et d'un neutron, liés avec une énergie de 2,225 MeV, et a un spin 1.

Effet Casimir. Le physicien hollandais Hendrik Casimir découvrit que deux plaques métalliques parallèles et sans charge sont sujettes à une force qui exerce une pression telle qu'elle les rapproche l'une de l'autre. Cette force n'est mesurable que lorsque la distance entre les deux plaques est très petite, de l'ordre de plusieurs diamètres atomiques. Cette expérience prouve que le vide est apparemment en mesure de libérer une grande quantité d'énergie dénommée « énergie du point zéro ».

Électron. Unité élémentaire de charge électrique. Il correspond à la particule élémentaire de masse 9.1 x 10^{-28} g et de charge électrique e = 1.60 x 10^{-19} *coulomb*, qui peut être négative (électron) ou positive (positron). Dans un atome, les électrons gravitent autour du noyau composé de protons et de neutrons, dans ce qu'on définit une « configuration électronique ».

Épistémologie. Branche de la philosophie qui concerne la nature, l'origine et le but de la connaissance, notamment la connaissance scientifique.

Éther. Substance hypothétique qui, selon l'interprétation mécaniste de la physique du XIXe siècle, remplirait tout l'espace, en constituant le support élastique des ondes électromagnétiques, par analogie avec l'air à travers lequel se propage le son. Einstein avec sa théorie de la relativité pensa démontrer l'absence de fondement de l'éther. Ce concept est toutefois revenu à la mode récemment, surtout dans des aspects controversés de la mécanique quantique.

Fonction d'onde. Fonction qui satisfait une équation d'onde comme, par exemple, celle de Schrödinger de la mécanique quantique.

Fréquence. Mesure du nombre de fois où un phénomène se produit dans une même unité de temps (la *seconde*). Pour calculer la fréquence, on fixe l'intervalle temporel, on compte le nombre de récurrences d'un phénomène dans cet intervalle et on le divise par la longueur de l'intervalle temporel.

Hologramme. Photographie tridimensionnelle produite avec la technique du *laser* (un faisceau monochromatique de rayonnement). L'objet à photographier est d'abord immergé dans la lumière d'un faisceau laser, puis on fait rebondir un second faisceau laser sur la lumière réfléchie du premier et le schéma qui résulte de la figure d'interférence, où les deux rayons se rencontrent, est imprimé sur une pellicule. Lorsqu'on développe la pellicule, on ne voit qu'un enchevêtrement de lignes claires et sombres, mais si on l'éclaire à l'aide d'un autre rayon laser, on voit apparaître l'objet original. Le résultat est si réel qu'il donne l'impression de la présence de l'objet, comme s'il se trouvait devant l'observateur, à tel point qu'il est possible d'y tourner autour et de percevoir les changements de perspective.

Incertitude de Heisenberg (*principe d'*). Principe selon lequel, dans le cadre de la mécanique quantique, la détermination précise et simultanée de couples particuliers de variables physiques qui décrivent le comportement d'un système microscopique est impossible. Mathématiquement parlant, le principe d'incertitude de Heisenberg, qui s'applique plus typiquement à la trajectoire d'un électron que l'on tente d'observer, s'exprime alternativement comme $\Delta E\,\Delta t \geq h / 4\pi$, ou bien comme $\Delta x\,\Delta p \geq h / 4\pi$. Fondamentalement, l'incertitude dans l'énergie ΔE multipliée par l'incertitude dans le temps *Dt*, ou, alternativement, l'incertitude dans la position Δx multipliée par l'incertitude dans le moment Δp est plus grande ou égale à une constante. *h* est la constante de Planck, où : $h/4\pi = 0.527 \times 10^{-34}$ Joule/sec.

Ion. Particule élémentaire ou un système de particules élémentaires avec une nette charge électrique (positive ou négative).

Mécanique quantique. Formulation quantique de la mécanique utilisée dans la description des phénomènes à l'échelle atomique et subatomique. Toute formulation adéquate de la mécanique quantique comprend en soi la *mécanique classique*, comme cas particulier pour des valeurs très grandes des nombres quantiques, ou telles que la constante de Planck soit égale à zéro.

Moment. Quantité physique liée à la vitesse et à la masse d'un objet comme, par exemple, une particule.

Neurone. Cellule primaire du système nerveux. Chez les vertébrés, il se trouve dans le cerveau, dans la moelle épinière et dans les nerfs et les ganglions du système nerveux périphérique.

Neurophysiologie. Partie de la physiologie qui étudie le système nerveux.

Non-localisation. Action instantanée à distance entre deux ou plusieurs entités physiques, prévue par la théorie quantique non classique. Ce principe a été étendu pour expliquer la communication instantanée entre esprits, comme la *téléphatie*.

Noosphère. Elle est définie comme une « sphère de la pensée humaine ». À l'instar de la biosphère qui est composée de tous les organismes vivants sur Terre et de leurs interactions, la noosphère est composée de tous les esprits qui interagissent sur la planète.

Onde. Caractéristique de propagation du rayonnement électromagnétique – des ondes radio en passant par le rayonnement visible, les rayons gamma ou le son – qui se comporte comme l'eau d'un océan qui se ride. Chaque onde est caractérisée par une *amplitude* et une *longueur*.

Ontologie. En philosophie, il s'agit de la branche fondamentale de la métaphysique. Elle étudie l'être et l'existence et toutes les catégories fondamentales correspondantes. Elle vise à trouver quelles entités et quels types d'entité existent effectivement. Ses retombées sont importantes en termes de conception de la réalité.

Plasma. Autrement appelé « quatrième état de la matière », le plasma est un gaz ionisé (par « ioniser », nous entendons qu'un électron a été allégé d'une portion significative des molécules et des atomes), et est habituellement considéré comme un état distinct de la matière. Les charges libres (électrons et ions) en font un conducteur électrique en mesure d'interagir avec les champs électromagnétiques. Le plasma est ainsi un état de la matière où le degré d'ionisation est suffisamment élevé pour que les interactions électromagnétiques entre les particules chargées (ions et électrons) soient déterminantes pour l'évolution dynamique du système. On peut obtenir un plasma en ionisant fortement un gaz par réchauffement.

Proton. Particule stable de charge électrique positive qui constitue le noyau de l'atome d'hydrogène, l'atome le plus simple dans la nature. Il est caractérisé par une charge électrique positive égale en valeur absolue à celle de l'électron.

Psychokinèse. Capacité psychique d'influencer le comportement de la matière au moyen de la seule interaction mentale. Autrefois appelée « télékinèse ».

Spin. Moment angulaire intrinsèque de l'électron et de tout autre particule. Dans les systèmes quantiques, il est quantisé et ne peut prendre que des valeurs préétablies. Dans le cas des électrons, cette valeur est égale à 1/2.

Subquantique. Domaine de la réalité qui se trouve à un niveau plus profond que le domaine quantique, et qui a très probablement lieu dans un hypothétique « éther » situé dans ce qui est un faux vide, en mesure de produire de grandes quantités d'énergie. Le domaine subquantique est aussi étroitement lié aux processus les plus profonds de la conscience, et il est considéré comme l'endroit où les phénomènes physiques et la perception extrasensorielle trouvent probablement leur origine.

Synchronicité. Mot créé par le psychologue analytique Carl Jung pour décrire l'alignement des « forces universelles » avec les expériences de la vie d'un individu. Jung pensait que de nombreuses expériences perçues comme des coïncidences n'étaient pas simplement dues au hasard, mais qu'elles reflétaient au contraire la création d'un événement ou d'une circonstance comme un alignement sur de telles forces. Le processus consistant à devenir intuitivement conscient et d'agir en harmonie avec de telles forces est appelé par Jung « individuation ». En effet, Jung considérait qu'une personne avec cette qualité pouvait réellement façonner les évènements autour d'elle à travers un processus de communication de la conscience avec ce qu'il appela l'« inconscient collectif ».

Télépathie. Habilité présumée de communiquer des informations d'un esprit à l'autre, et forme de perception extrasensorielle ou de connaissance anormale. Cette information est généralement « reçue » sous la même forme que celle reçue à travers les sens conventionnels.

Topologie. Branche des mathématiques qui s'occupe des propriétés des ensembles qui sont invariants par homomorphismes, c'est-à-dire par des correspondances biunivoques et « bicontinues ». Elle concerne l'étude des espaces topologiques, ou les propriétés topologiques des figures, c'est-à-dire des propriétés qui ne changent pas à la suite de transformations bicontinues une à une (*homomorphisme*). Deux figures qui peuvent être déformées l'une dans l'autre sont appelées *homomorphes* et sont considérées comme la même chose du point de vue topologique. Par exemple, un cube solide et une sphère solide sont homomorphes.

Transformations canoniques. La *fonction hamiltonienne* est une bonne façon de décrire un système dynamique conservateur. Toutefois, les *équations de Hamilton* dépendent du choix d'un système de coordonnées, et ne sont pas invariantes par rapport à un changement de coordonnées dans le plan (p, q). Les transformations canoniques sont des changements de coordonnées qui permettent de conserver la description du système dynamique à travers la fonction hamiltonienne, ou plutôt à travers la même fonction de Hamilton, exprimée dans le nouveau système. Les transformations canoniques peuvent à leur tour être décrites comme une seule fonction génératrice, mais qui dans de nombreux cas significatifs est une « fonction à plusieurs valeurs ».

Vision à distance. Processus développé par des parapsychologues de l'Institut de recherche de Stanford en collaboration avec des médiums particulièrement doués, afin de réaliser le phénomène de la clairvoyance dans des conditions de contrôle. D'une certaine façon semblable à la « projection astrale », ce phénomène comporte la capacité de projeter la conscience dans des lieux lointains afin d'obtenir des informations.

Bibliographie et sitographie

- Albert D. Z., *Bohm's Alternative to Quantum Mechanics, Scientific American*, mai, 1994.
- Amadori A., *Cinematica quantistica del punto materiale*, E-School di Fisica, http://www.arrigoamadori.com/lezioni/Miscellanea/CinematicaQuantistica.htm
- Amadori A., *Dinamica quantistica*, E-School di Fisica, http://www.arrigoamadori.com/lezioni/Miscellanea/DinamicaQuantistica.htm
- Amadori A., *Il Principio di Indeterminazione di Heisenberg*, E-School di Fisica, http://www.arrigoamadori.com/lezioni/Miscellanea/PrincIndetHeisenberg.htm
- Birbeck College Library (University of London), *The David Bohm Papers*, http://www.bbk.ac.uk/lib/bohm.html
- Bohm D., A Suggested Interpretation of the Quantum Theory in Terms of Hidden Variables I & II, *Physical Review*, 1952, 85, n° 2, p. 166-193. / Republié in *Quantum Theory and Measurement*, Ed. J. A. Wheeler and W. H. Zurek, 1983, p. 369-96, Princeton University Press.
- Bohm D., Space,Time and Quantum Theory Understood in Terms of Discrete Structural Process, in Proceedings of the *International Conference on Elementary Particles*, Kyoto, 1965, p. 252-287. *Cf.* http://www.bbk.ac.uk/tpru/DavidBohm/PS15_DB_Space_time_Kyoto.pdf
- Bohm D. et Bub, J., A Proposed Solution of the Measurement Problem in Quantum Mechanics by a Hidden Variable Theory, *Reviews of Modern Physics*, 1966, Vol. 38, N° 3, p. 453-468.
- Bohm D., Quantum Theory as an Indication of a New Order in Physics – Implicate and Explicate Order in Physical Law, *Physics* (GB), June 1973, 3.2, p. 139-168.

- Bohm D., Hiley B. J. et Kaloyerou, P. N., Ontological Basis for the Quantum Theory, *Physics Reports* (Netherlands) 1987, 144.6 (January 1987), p. 323-348.
- Bohm D., *Causality and Chance in Modern Physics*, Philadelphia, U. of Pa Press, 1980.
- Bohm D., *Wholeness and the Implicate Order*, London, Routledge, 2002.
- Bohm D. et Peat F.D., *Science, Order & Creativity*, New York, Bantam Books, 1987.
- Bohm D., *Quantum Theory*, New York, Dover Publications, 1989.
- Bohm D., A new theory of the relationship of mind and matter, *Philosophical Psychology*, 1990, Vol. 3, N° 2, p. 271-286. *Cf.* http://members.aol.com/Mszlazak/BOHM.html
- Bohm D. et De Broglie L., *Causality and Chance in Modern Physics*, Philadelphia, University of Pennsylvania Press, 1990.
- Bohm D. et Nichol L., *Thought as a System*, London, Routledge, 1994.
- Bohm D. et Hiley B. J., *The Undivided Universe – An ontological interpretation of quantum theory*, Ed. Basil J. Hiley, London, Routledge, 1995.
- Bohm D., *Unfolded Meaning – A Weekend of Dialogue with David Bohm*, Ed. Donald Factor, London, Routledge, 1996.
- Bohm D., *The Special Theory of Relativity*, London, Routledge, 1996.
- Bohm D. et Biederman, C., *Bohm-Biederman Correspondence – Creativity in Art and Science*, Ed. Paavo Pylkkanen, London, Routledge, 1999.
- Bohm D. et Peat, F. D., *Science, Order and Creativity*, London, Routledge, 2000.
- Bohm D., *On Creativity*, London, Routledge, 2004.
- Bohm D., (2004) *On Dialogue*, Ed. Lee Nichol, London, Routledge, 2004.
- Bohm D., *An Introduction to the Teachings*, http://www.kinfonet.org/Biography/ bohm_intro.htm

- Bohm D., Factor D. et Garret P., *Dialogue – A Proposal*, http://www.urbandharma. org/bcdialog/bcd2/proposal.html
- *Bohm Interpretation*, Wikipedia, http://en.wikipedia.org/wiki/Bohm_interpretation
- *Bohmian Mechanics*, Stanford Encyclopedia of Philosophy, http://plato.stanford. edu/entries/qm-bohm/
- Boylan R. *L'Universo è un'Illusione*, Nuovomondo di XmX, http://www.xmx.it/universoillusione.htm
- *David Bohm*, Philosophy of Nature, Synopsis, http://www.scaruffi.com/-phi/bohm.html
- *David Bohm*, TWM, http://twm.co.nz/Bohm.html
- *David Bohm*, Library of Halexandria, http://www.halexandria.org/dward404.htm
- *David Bohm*, Absolute Astronomy Reference, http://www.absoluteastronomy.com/encyclopedia/D/Da/David_Bohm.htm
- Dr. John Grohol's Psych Central, *David Bohm*, Enpsychlopedia, http://psychcentral.com/psypsych/David_Bohm
- *Emilio Segrè Visual Archives*, American Institute of Physics,http://www.aip.org/history/esva/esva-list.htm
- *EPRParadox*,Wikipedia,http://en.wikipedia.org/wiki/EPR_paradox
- Gardner M., *David Bohm and Krishnamurti*, Skeptical Inquirer, July 2000. *Cf.* http://thinkg.net/david_bohm/martin_gardner_on_david_bohm_and_krishnamurti.html
- Germine T. J., The Quantum Metaphysics of David Bohm, *Dyna-Psych*, http://www.goertzel.org/dynapsyc/1995/TGERMINE.html
- Harrison D. M., *Bell's Theorem*, Physics Virtual Bookshelf, Quantum Mechanics, http://www.upscale.utoronto.ca/GeneralInterest/Harrison/Bells-Theorem/BellsTheorem.html
- Hiley B. J., Peat F. D., *Essays in Honour of David Bohm*, London, Routledge, 1987.
- Keepin W., David Bohm: A Life of Dialogue Between Science and Spirit, *Noetic Sciences Review*, 1994, # 30, p. 10-16. *Cf.* http://www.ionsnw.org/DavidBohm.htm

- Krishnamurti J. et Bohm D., *Limits of Thought: Discussions*, London, Routledge, 1999.
- Ibison M. et Haisch B., Quantum and classical statistics of the electromagnetic zero-point field, *Physical Review A*, 1996, Vol. 54, N° 4, p. 2737-2744. *Cf.* http://www.calphysics.org/articles/PRA96.pdf
- *Jiddu Krishnamurti*, Riflessioni.it, http://www.riflessioni.it/enciclopedia/krishnamurti.htm
- Laszlo E., *Aux racines de l'univers - Vers l'unification de la connaissance scientifique,* Paris, Fayard, 1992.
- Linhart G. J., *The Galactic Society*, Cambridgeshire, Melrose Books, 2004.
- Linhart G. J., Sub-Q-Mechanical Level and Evolution, *Il Nuovo Cimento*, 1975, Vol. 27 B, N° 1, p. 161-168.
- *L'Universo è un'Illusione: il "Paradigma Olografico*, Riflessioni.it, http://www.riflessioni.it/dal_web/paradigma_olografico.htm
- Mitchell E., (2004) Quantum Holography:A Basis for the Interface Between Mind and Matter, in *Bioelectromagnetic Medicine*, Eds. Paul J., M.D. Rosch, Marko S. Markov, 2004, Library of Congress, USA.
- Murrell B., *David Bohm and the Implicate Order,* The Integration Website, http://noosphere.cc/bohm.html
- Peat F.D. et Briggs J., David Bohm 1917-1992 (Interview), *Omni,* January 1987. *Cf.* http://www.fdavidpeat.com/interviews/bohm.htm
- Peat F.D., *Infinite Potential – The Life and Times of David Bohm*, Perseus Publishing (Helix Books), 1997.
- Pratt D., David Bohm and the Implicate Order, *Sunrise Magazine*, February/March 1993, *Cf.* http://www.theosophy-nw.org/theosnw/science/prat-boh.htm
- Pratt D., Consciousness, Causality, and Quantum Physics », *Journal of Scientific Exploration*, 1997, 11:1, p. 69-78. *Cf.* http://ourworld.compuserve.com/homepages/dp5/jse.htm
- Pribram K. H., Rethinking Neural networks: Quantum Fields and Biological Data, in *Proceedings of the First Appalachian Conference on*

Behavioral Neurodynamics. Hillsdale, N.J., Lawrence Erlbaum Associates, Publishers, 1993.

- Prideaux J., *Comparison between Karl Bribram's "Holographic Brain Theory" and more conventional models of neuronal computation*, http://www.acsa2000.net/bcngroup/jponkp/
- Princeton Engineering Anomalies Research (PEAR), *Scientific Study of Consciousness-Related Physical Phenomena*, http://www.princeton.edu/~pear/
- Sharpe K. J., *Relating the Physics and Religion of David Bohm*, http://www.-ksharpe.com/Word/BM05.htm
- Sheldrake R., *Morphic Fields and Morphic Resonance*, Sheldrake Online, 2005, http://www.sheldrake.org/papers/Morphic/morphic_intro.html
- Talbot M., *The Holographic Universe*, New York, Harper Collins, 1992.
- Teodorani M., Fenomeni di Luce dal Nulla, *Scienza e Conoscenza*, 2004,N° 10, Novembre/Gennaio 2004, p. 20-26.
- Thomson R. L., *Mechanistic and Nonmechanistic Science*, Lynbrock, N.Y., Bala Books, 1981.
- Wilber K., *The Holographic Paradigm*, Ed.Wilber K.,Boston, Shambala, 1982.

Table des matières

Introduction 5

Chapitre 1
Digression biographique 7

Chapitre 2
Des particules qui dansent dans un plasma « intelligent » . 13

Chapitre 3
Mécanique quantique non locale et potentiel quantique . 17

Chapitre 4
Le pilote invisible de l'univers holographique :
l'ordre implicite 43

Chapitre 5
À la recherche de la matrice de la pensée 65

Chapitre 6
Vers une compréhension holistique et holographique
des phénomènes psychiques 87

Chapitre 7
Un homme tourmenté, mais lumineux qui a révolutionné
la physique théorique 103

Annexe I
Les bases mathématiques de la mécanique bohmienne . . 113

Annexe II
Glossaire scientifique et philosophique 115

Bibliographie et sitographie 123

Du même auteur

Massimo Teodorani

Synchronicité

Le rapport entre physique et psyché
de Pauli et Jung à Chopra

De mystérieux événements synchrones semblent parsemer nos vies. Tandis qu'une pensée affleure, un fait, qui renferme toujours un sens profond dont le but est de conduire nos vies vers leur destin, se produit à l'improviste, dans un synchronisme parfait. L'objectif de ce livre est de démontrer que le phénomène de la « synchronicité » est depuis longtemps étudié, en particulier par les physiciens quantiques. Ces recherches plongent leurs racines dans l'alliance durable et harmonieuse entre le grand psychologue analytique *Carl Gustav Jung* et le physicien quantique *Wolfgang Pauli*.

Un livre qui s'adresse à tous les passionnés de physique et de psychologie, à ceux qui ne se contentent pas d'attribuer des phénomènes parfois incroyables au hasard et qui veulent en savoir plus en puisant dans les connaissances de personnages scientifiques éminents.

Du même auteur

Massimo Teodorani

Entanglement

L'intrication quantique,
des particules à la conscience

Le phénomène de l'intrication quantique est l'aspect le plus bouleversant jamais dévoilé par la physique quantique contemporaine et semble intéresser non seulement les particules élémentaires, mais également le monde macroscopique et psychique.

L'auteur, en utilisant un langage clair et accessible à tous, nous conduit, au cours d'un voyage enthousiasmant, dans les laboratoires et les centres de recherche du monde entier où se déroulent certaines des plus grandes aventures scientifiques, dans un crescendo prenant qui nous mène du monde microscopique des photons et des électrons aux mystères de l'ADN, du cerveau et de la conscience, jusqu'aux phénomènes psychiques et à ceux de conscience collective.

Un seul mécanisme physique synchrone semble unir tous ces phénomènes, où particules, matière et conscience se fondent en une seule réalité holographique, en rendant des phénomènes comme la télépathie, la téléportation, la clairvoyance, la vision à distance et la psychokinésie, concrets et intelligibles.

Du même auteur

Massimo Teodorani

Tesla
L'éclair du génie

Tout sur sa vie, sa formation, ses inventions
et son intelligente sensibilité...

De mystérieux événements synchrones semblent parsemer nos vies. L'histoire de la science n'a pas toujours rendu l'hommage qu'ils méritaient à ses acteurs principaux. Au contraire, elle a souvent fait la part belle à des imposteurs, à des opportunistes dénués de scrupules ou à de véritables plagiaires. Nikola Tesla a été l'un des plus grands inventeurs que le monde ait jamais connus. Nous lui devons l'énergie électrique – le courant alternatif en particulier – que nous utilisons tous les jours, mais aussi d'autres découvertes très nombreuses comme les ampoules fluorescentes (néon), la radio, la télévision, le radar, la turbine, les robots, les appareils électro-thérapeutiques, autant d'innovations qui ont trop souvent été attribuées aux stars des livres scolaires : Edison pour l'énergie électrique, Marconi pour la radio... Très peu sont ceux qui connaissent sa carrière, pluridisciplinaire mais contrariée, et sa mémoire est aujourd'hui encore occultée, comme celle de tous les génies incompris. Ce livre souhaite tirer sa vie et ses inventions de ce type d'oubli rassurant et les restituer fidèlement dans leur vérité en rendant hommage à ses recherches, à son intelligence et à son originalité, laquelle lui valut de sérieux ennuis. Cet ouvrage est structuré en deux parties : la première se penche sur l'homme et ses travaux tandis que la seconde est plus strictement scientifique.

Dans la même collection

RICHARD BARTLETT

Matrice énergétique

Pénétrez dans le champ du potentiel de la conscience

Préparez-vous à pénétrer dans un monde
où vos perceptions de l'humainement et du physiquement possible
ne seront plus jamais pareilles

Il y a une dizaine d'années, le docteur Richard Bartlett fit une découverte renversante en exerçant son métier de chiropracticien. En focalisant intensément son attention sur les maux de ses patients tout en les touchant légèrement, il fut capable de libérer et de soigner leurs tensions instantanément. Dans *La Physique des miracles*, le docteur Bartlett explore en profondeur ce processus révolutionnaire connu sous le nom de *Matrice énergétique,* également le titre de son best-seller. En se fondant sur ses séminaires dynamiques, destinés à révéler l'énergie subtile qui est en nous, Richard Bartlett nous livre des concepts novateurs dans la guérison et la transformation et offre aux lecteurs les outils et la connaissance permettant d'accéder à cette faculté miraculeuse. Comme le démontre le Dr Bartlett, cette pratique n'exige aucun entraînement spécial, induit des transformations rapides et vous donne la clé d'un tout nouveau niveau de puissance, de conscience et de potentiel dans votre vie.

Aux lecteurs de Macro Éditions

Ce livre est publié dans la collection
« Science et Connaissance » de *Macro Éditions.*

*À vous tous qui recherchez de nouvelles techniques pour mieux vivre
et ressentir un bien-être plus profond...
À vous tous qui désirez réaliser vos rêves...
À vous tous qui êtes ouverts à l'innovation, prêts à remettre en question
vos convictions et à changer vos habitudes les plus ancrées...*

*... **Macro Éditions** dédie ses livres.*

Macro Éditions traite sans tabous les sujets au cœur de l'actualité, tous ceux qui correspondent à vos attentes : spiritualité ; métamorphose du « soi » ; santé du corps, de l'âme et de l'esprit ; nouvelle science et sagesse antique. Vous trouverez l'art de guérir et sa multiplicité de moyens.
Et cela grâce à l'enseignement des plus grands maîtres dont notre maison d'édition se fait le porte-parole.

Notice bibliographique

David Bohm : la physique de l'infini / Cesena - Italie : *Macro Éditions*, 2011.
136 p. ; 20,5 cm (Science et Connaissance)
Titre original : *David Bohm: la fisica dell'Infinito,* Massimo Teodorani
Traduction de Marylène Di Stefano
ISBN 978-88-6229-248-1
1. Physique et Philosophie